AMBRE :
Recevez gracieusement notre catalogue

Suisse : Éditions Chemins de vie,
Chemin des Chalets 7,
1279 Chavannes-de-Bogis

France : Ambre sarl,
240 rue du Mont-Blanc,
69670 Vaugneray

ou téléchargez-le depuis notre site :
www.editions-ambre.fr ou.**ch**

Les éditions Ambre est une marque déposée
appartenant aux Éditions Chemins de vie

Couverture : TS Infographie
ISBN : 978-2-940594-80-1

www.editions-ambre.ch ou .fr
contact@editionscheminsdevie.ch

ÊTRE SOI
PAR LA NUMÉROLOGIE HUMANISTE

AMBRE
ÉDITIONS

FRANÇOIS NOTTER

ÊTRE SOI
PAR
LA NUMÉROLOGIE HUMANISTE

AMBRE
ÉDITIONS

PRÉFACE POUR OSER SE VOIR EN FACE…

« Le titre de ce livre est « Être soi par… » : à chacun sa part de choix ? Ces pages peuvent être considérées comme une invitation à « Être CHOIX ».

Être soi, et affirmer « Je pense donc je suis », et pas en brouillant les cartes en introduisant dans l'histoire le verbe suivre à la place du verbe être. Ce qui revient à dire « je préfère suivre le troupeau plutôt que d'être moi-même ». Vous me direz que c'est un choix et à chacun chacune les libertés qu'il ou elle s'offre ou pas !
J'ai envie d'affirmer (c'est mon choix) qu'on a toujours plus de choix qu'on ne le croit, ou qu'on s'accorde à avoir. J'ai tellement entendu dire « Mais je n'ai pas le choix ! », que j'ai envie de suggérer de s'offrir un éventail plus large de possibilités. Ce qui ne me paraît pas être un grand luxe !
Aussi, il peut être envisageable, ou souhaitable, de ne pas se laisser limiter par certains schémas mentaux, ou devenir esclave de diverses peurs qui auraient le pouvoir (fictif) de saboter une belle progression vers un mieux-être personnel.

Être soi… Être mieux. Être au mieux de soi-m'aime…

En fait, les nombres, en tout cas, vous invitent à ne pas rester enfermé(e) dans ces restrictions peu fructueuses, ou parasité par des inhibitions plombants. Devenez un « être de 1er choix » Cela, bien sûr, en fonction de vos valeurs les plus profondes, qu'il vous est gentiment suggéré d'affirmer, d'exprimer.
Peut-être à l'image symbolique du hêtre, bien enraciné dans ses options et ancrages salutaires (ses convictions propres), et au feuillage épanouit et rayonnant. Pour peu qu'une belle lumière, celle de son « soleil intérieur », traverse ses branches et lui dise : « Salut vieille branche » ! Ou lui chuchote à l'oreille : « Et si tu devenais vraiment toi, au sommet de toi, ou sur le toit de tes richesses personnelles ? Un toit protecteur et rassurant. Rester sur le toit ? Et sûr de toi ?
« Et si tu étais vraiment toi, que serais-tu ? Après s'être peut-être tellement tu sur cette question… certaines réponses seraient-elles possibles ?"
Aussi, ce livre modeste peut vous y aider. Juste pour, en quelque sorte, faire avancer le Schmillblick, au fil de diverses réponses, à mon avis provisoires.
J'ose rappeler que la vie est mouvement et donc changement (Et il n'y a pas que le changement climatique apte à nous pousser à en prendre conscience !). La vie, et notre évolution personnelle, nous invitent finalement à pas enfermer l'être dans d'illusoires étiquettes…
Être ou ne pas être… en attente d'une réponse mouvante, évolutive et non dogmatique ou figée ?
Être ou ne pas naître à soi-même pourrait être une piste, parmi tant d'autres…

INTRODUCTION

Tu as probablement entendu parler de l'étonnante faculté des nombres à mettre à disposition leurs messages, pistes ou révélations, à celles et ceux qui osent s'adresser à eux.

En effet, nos petits amis les nombres ont cette sorte de « capacité naturelle » qui consiste à nous offrir de beaux éclairages psychologiques et de surprenantes propositions.
Cela concernant divers domaines de la vie et ses phases d'évolution…

Numérologie : pour quoi faire ?

La numérologie peut être considérée comme un ART à libre-disposition permettant de décoder, traduire et transmettre les propositions ou suggestions offertes par les nombres en tant que symboles porteurs de belles pistes et de richesses superbes.

Elle nous aide à mieux nous relier à leurs « pistes-cadeaux », et ainsi à mieux nous ouvrir à nos belles intuitions, à nos subtiles « révélations intérieures »…

C'est-à-dire réveiller ce « savoir profond » en nous-même, ce « Maître intérieur » qui ne demande qu'à nous accompagner, nous aider, nous enseigner la vie, et nous révéler à nous-mêmes.

En un mot, la numérologie peut t'aider à mettre en lumière le chemin passionnant vers toi-même, et te « prendre la main » gentiment à propos du fameux « Qui suis-je ?» (Où vais-je ?).

Elle est là pour t'aider dans tes questionnements du genre : « Où ai-je envie d'aller ? », « Qu'est-ce que je veux faire de ma vie ? », « Quels sont mes vrais désirs ? » … ou toutes sortes de choses concernant une certaine « révélation à toi-même », ou un réveil de tes multiples possibilités (dons ou capacités latentes).

C'est-à-dire, te mettre en accord avec ton « Chemin d'envies » pour trouver ta « vraie place » dans cette vie, et t'orienter dès maintenant, vers un environnement qui te corresponde au mieux. Ce qu'on appelle parfois « le mieux-être »... Pour finalement accéder à une « réussite personnelle » digne de ce nom.

Les messages de « tes nombres » sont là aussi pour t'accompagner au cœur d'un beau « Projet-sens », riche de nombreuses possibilités et potentialités. Ou vers des scénari aux diverses composantes sans cesse en évolution. Cela au fil d'une adaptation fine face à ce monde mouvant, parfois angoissant, qui demande sans cesse une remise en question salutaire.

Tout cela pour développer une résilience positive, et cette belle capacité à retomber « sur tes petites pattes », comme un chat malin. Et peut-être t'étonner fortement toi-même (soi m'aime ?).

Précisons que les interprétations de ces symboles que sont les nombres « n'obligent à rien » !

En numérologie (humaniste) il s'agit de belles et utiles invitations. Pas d'obligations imposées (et à subir !), pas d'ordres ou « d'ordonnances », pas de programmations limitatives ou de « leçons de morale ». Laissons cela à d'autres !

Notons que les nombres (« tes nombres ») ne sont pas la cause de ce qui t'arrive ! Il n'y a pas, fort heureusement, de déterminisme à ce niveau.

Les pistes offertes par les nombres ne déterminent pas ton caractère, et encore moins ta personnalité (ils sont si mouvants, évolutifs, et en diverses mutations possibles) si tu ne les enfermes pas, si tu les laisses vivre ! Serait-ce là que la « personnalité » peut devenir une personne alitée ?

La numérologie n'est pas là pour décrire tes actions futures.
Il te reste le choix de les générer ou non, d'opter pour un chemin ou un autre, de tenter une aventure ou une autre... Autrement qu'avec ce joli « fil à la patte » (ce piège) généré par de telles prévisions (ou autres prédictions inhibantes).

Les propositions des nombres posent certains cadres (qu'on ne peut pas toujours changer)... Il te reste le choix des pinceaux pour créer les beaux tableaux de tes tranches de vie !

Nous naissons certes avec un bagage (vies antérieures ? Héritages psycho-généalogiques, connaissances induites, etc.), il nous reste à nous en servir, à favoriser et développer nos divers dons et potentialités (plus nombreux finalement qu'on le croit habituellement). Commençons donc par les découvrir, les reconnaître, les faire vivre et les aimer ! C'est une façon de mieux nous aimer...

À chacun, chacune de se servir (ou non) de ce magnifique outil pour oser de justes choix, de belles dynamiques personnelles, des changements bienvenus, ou de superbes prises de conscience... pour améliorer sa vie.

La numérologie t'offre ainsi l'opportunité de vrais questionnements personnels et de connaissances de ton « vaste monde intérieur ».

À partir d'un certain « état des lieux de départ », elle t'encourage à prendre en main ta propre destinée, et utiliser au mieux tes dons et potentialités. Et finalement oser un beau parcours personnel, un joyeux « chemin d'envies »...

Cela en t'aidant à te connecter à tes désirs profonds et besoins essentiels.

À noter : il est possible que ta date de naissance (ainsi que les lettres de ton appellation et ta place dans la famille) ne soit pas le fruit du hasard. As-tu choisi de naître avec ces éléments de base, ces « ingrédients de destinée »... à voir ?

Cette date de naissance est-elle la meilleure que tu aies pu imaginer par toi-même ? C'est fort possible ! Je pense, en tout cas, qu'elle te dessine une base. Cette base personnalisée, il te reste à t'en occuper vraiment, à la développer en conscience et à l'exploiter au mieux.

Cela au cœur d'une vraie « École de vie », qui peut s'avérer riche en épreuves. Des épreuves parfois rudes... mais fort généreuses en enseignements lumineux (suivant la manière dont tu les évalues, les considères, ou les « colores »).

Finalement, ces pistes de naissance ne seraient-elles pas des « contrats en germe » de ce qu'il te reste à arroser et faire pousser dans ta vie (Oui, je sais, certains diront : « Faut pas pousser !)...

Les propositions des nombres restent à ta libre-disposition (je le répète) pour t'aider, t'éclairer régulièrement et surtout t'encourager sur le meilleur « chemin d'envies » que tu puisses désirer ou imaginer.

Un chemin parsemé de satisfactions ou d'épreuves, de réussites ou d'échecs en fonction de tes élans, de tes engagements (ou de tes frilosités ou lâchetés).

Cela dit, plus tu rencontras et connaîtras tes « outils de réussite », ces aides à ton bonheur, ces offrandes divines, plus ta vie aura des chances de devenir une belle progression vers le meilleur en toi-même, vers un bel épanouissement. D'ailleurs, en y regardant bien : la chance ça se nourrit, ça s'arrose, ça se travaille, non ?

Aussi, ce livre a pour objectif (ou challenge) de te présenter de façon simple et claire (et avec un zeste d'humour, notre époque bouleversée en a bien besoin !) les petites et grandes richesses d'une Numérologie humaniste digne de ce nom.

Il est possible qu'au fil de ces pages tu puisses faire l'expérience que ce qui t'est ici transmis corresponde à certaines de tes intuitions, ou à certaines « connaissances induites », dont tu es dépositaire. Des données sensibles qui étaient déjà là en toi depuis parfois longtemps...

Histoire de réveiller le « Maître intérieur » qui sommeille en toi sans que tu en aies vraiment conscience.

Oui, il peut s'agir ici « d'ouverture de conscience » ou de re-connaissance de conscience (Ah ! les biens grands mots...), ou tout simplement d'un éclairage bienvenu, d'un « tableau de bord personnel » à usage non limitatif. Et pourquoi pas quotidien...
Un usage qui ne s'use que quand on ne s'en sert pas ?

C'est probablement une manière de t'inciter à pleinement vivre l'instant présent (ou tout se joue), et à te faire le présent à toi-même de te mettre réellement en adéquation avec tes plus beaux désirs, et tes plus profonds besoins. Dans cet « ici et maintenant », porteur unique de satisfactions diverses, et parfois de richesses insoupçonnées.

Allez, viens, c'est parti pour l'aventure !

1

LES MESSAGES DES NOMBRES

Au début était le rythme…

Puis vint le NOMBRE
Un nombre inhérent aux rythmes, aux battements de la vie.

Le rythme comme une alternance entre la nuit et le jour, entre le noir et le blanc, entre l'ombre et la lumière, entre le silence et tous les sons. Entre le vide puis le plein. Dans un univers plein de vide…

LE ZÉRO

La série des nombres commence tout simplement, ou tout naturellement par le ZÉRO.

Le grand « z'héros » de la Numérologie. L'immense Zéro qui n'a pas de fin.

En effet, le Zéro symbolise l'infini indéfinissable. Un infini du temps et de l'espace (pour les siècles des siècles ?).

Que faire d'un élément numérologique qui se perdrait à l'infini (là où se rencontrent les parallèles ?).

Ce grand TOUT, ce grand « Rien ». Ou cet immense rien, puis ce prodigieux « Tout »…

C'est dans cette alternance, parfois très tangible, très concrète, que certains des messages du Zéro pourront s'appliquer à ton fonctionnement personnel, dans un domaine ou un autre.

En Numérologie, tout part du Zéro. Il évoque l'indéfinissable, l'invisible, le non-manifesté. Est-ce à dire Dieu ?

Il est possible de considérer qu'à partir de cet incommensurable Zéro, une partie de lui-même s'incarne sur terre (un « fils de Dieu » ou un envoyé d'extraterrestres ?).

Comme si ce Zéro s'autorisait une première division en envoyant chez nous une petite partie de lui-même : le UN

LE UN

Le Un serait-il une manifestation de Dieu se rapprochant de notre niveau ordinaire, de notre vie quotidienne ?

Ce nombre est beaucoup plus facile à « cerner » que le zéro, et ses propositions pourront nous être plus directement utiles… mais peut-être moins « fondamentales » !

Ainsi, après le Zéro, prend naissance le UN. C'est le premier nombre « manifesté ». C'est aussi le nombre qui inaugure la série des « nombres Yang-masculins ».

Nous étions dans le vaste univers du Zéro, avec son ouverture à tous les possibles, riche de tant de potentialités (le pote-en-ciel ?), nous abordons maintenant une esquisse de matérialité, ou plus précisément le monde des idées nécessaires au début du lancement d'un projet ou d'une réalisation future…

Le UN te parle alors d'émergence, de jaillissement, de démarrage conceptuel (il est possible à ce niveau de faire le lien avec le signe du Bélier). Il t'offre sa fougue, son feu (parfois de courte durée). À l'image d'un éclair traversant la nuit (ou sortant du néant ?).

Il peut apparaître comme un phare qui se dresse debout au milieu d'une certaine « matrice aquatique », avec sa puissante lampe frontale.

Son graphisme (en chiffres arabes) t'offre un bon moyen mnémotechnique : Verticalité, direction, solide rigidité face aux flots, positionnement sur du rocher, volonté affirmée, etc.

Ainsi, le nombre UN te propose de te mettre en mouvement, de te lever (tôt le matin ?), de te dresser face à l'adversité, et de ne pas hésiter à « foncer » (pas forcément tête baissée !).

Le UN t'invite à développer ton autonomie, ton positionnement personnel, ton affirmation mentale.

Il te suggère de tenter le lancement de beaux projets, de clarifier un certain nombre de belles intentions. En un mot : de te mettre en marche avec intensité et passion.

Il t'invite par là à faire grandir ton autorité ou « capacité à être auteur » (ou « à la hauteur ») d'un maximum de tes choix de vie.

Ses propositions concernent surtout ce qui peut se passer au niveau de ta « tête » (mental, intellect, monde de tes pensées).

C'est-à-dire ta capacité à concevoir et lancer de nouvelles idées qui serviront de base à de beaux projets. On peut considérer que c'est une façon de t'encourager dans diverses créations ou mises en œuvre à venir.

À noter : Contrairement aux Huns, là où passe le UN rien ne trépasse, et tout peut voir le jour… à condition qu'on s'en occupe !
(Et avec les propositions complémentaires des nombres qui vont suivre, et qui correspondent chacun à une étape de tout processus de réalisation ou de progression matérielle ou spirituelle).

Ainsi (ou Un..si), le Un va avoir besoin du nombre DEUX pour prolonger son élan, pour passer à la phase suivante.

Ayant préparé la venue du DEUX, il permet à celui-ci de faire avancer les choses (faire avancer le Schmillblik ?) avec ses propositions propres (et complémentaires).

LE DEUX

Après le Yang du UN, voici le Yin du DEUX.

Après les suggestions masculines du UN, voici les suggestions féminines du DEUX.

J'aime à dire que le 2 (son graphisme) passe son bras autour du cou du 1 (bien planté dans sa « rigidité directoriale »).

Le DEUX t'offre au UN son ouverture, sa capacité d'accueil (au cœur de ses grands bras ?).

Il te suggère de développer douceur, souplesse, sensibilité et finesse.

Autant le 1 apparaissait debout avec sa tête pointue, autant le 2 apparaît plus conciliant avec sa tête toute ronde et sa posture de révérence ou de déférence polie. Et une certaine « bonté maternelle et prévenante ».

Apparaît ainsi son « côté lunaire », après le « côté solaire » du UN.

Le DEUX t'invite à t'adapter aux incertitudes des vagues émotionnelles qui pourraient agiter tes marées intérieures (c'est pas pour se marrer !). Et rester souple et agile au cœur des cycles de tes humeurs et de ta vie…

Ce nombre évoque fortement l'Eau, après le Feu du UN.

Il renvoie à la Mer… ainsi qu'à la Mère, après le UN paternel.

Il te propose de bien développer ta mobilité sensible, et ta capacité à te faufiler entre les obstacles ou à les contourner. Comme l'eau peut le faire face à des pylônes, ou des pieux, qui pourraient limiter sa progression. Il fait penser au serpent de la Genèse, celui de cette chère Ève qui offre la connaissance intuitive et l'inspiration subtile…

Si la noblesse du 1 peut être considérée comme verticale et hiérarchique, la noblesse du 2 (Madame De…) peut être vue comme horizontale. Avec une ouverture aux autres, aux alliances, aux partenariats.

Autant le UN aime décider seul et jouer les « sûr de lui », autant le DEUX aime s'associer, être en empathie, et écouter les conseils d'autrui. À force de jongler avec ses belles hésitations, il lui arrive d'avoir besoin d'un certain soutien à la décision…

LE TROIS

Après avoir esquissé le « couple des origines », laissons maintenant le nombre TROIS monter sur scène. Nous avons évoqué le Père, puis la

Mère, voici l'Enfant (l'enfant inté-rieur ?).

Bienvenue à ce « joyeux drille » ou à ce « drôle », comme on dit en Aquitaine en parlant des enfants (qui se veulent drôles ?).

Le TROIS te propose de retrouver ton âme d'enfant, et certains de ses rêves…

Il t'invite à oser créer et développer les divers dons artistiques qui pourraient être les tiens. Depuis la musique, la parole et le chant, en passant par le dessin, la peinture ou la sculpture… sans oublier la photographie et le cinéma.

Avec le TROIS on a toujours le choix… pour élever le soi ?

D'une manière générale, le TROIS te suggère de « jouer » avec les nombreux ingrédients de ta vie, et de mettre de belles couleurs vives dans le décor parfois tristounet de ces jours sombres…

Il te chuchote à l'oreille d'oser t'exprimer en toute liberté (et lucidité). Et de retrouver cette spontanéité ou cette innocence de la jeunesse.

Aussi, le TROIS te conseille d'améliorer tous types de communication, ou de connexion humaine. Que ce soit sur un plan fonctionnel, amoureux ou social.

Histoire de ne pas rester à l'é-trois dans un discours ou une attitude trop sectaire voire trop extrême (non inclusive ?).

Autant le DEUX invite à l'alliance ou à la collaboration à deux (couple ou associé), autant le TROIS suggère d'élargir l'équipe.
Il évoque le (petit) groupe d'amis, les associations à plusieurs.

Ainsi, on passe du lanceur de javelot (le 1), au couple de danseurs (le 2) et à l'équipe de foot. Le principal restant de garder des désirs denses, et d'entrer dans la danse, non ?

À noter : le TROIS adore l'humour, ça le met de bonne humeur ! C'est pourquoi il t'invite à ne pas oublier les jeux de mots, la dérision, en un mot ; le rire ! Ou ce que certains appellent « le langage des oiseaux ».

C'est vrai ; le TROIS aime bien l'AIR, il adore les « belles envolées (dans un beau ciel bleu ?).

Serait-il proche du Signe des Gé-meaux, Signe d'air (qui lui aussi pratique les jeux de mots).

Par ailleurs, traditionnellement le TROIS évoque la trinité, ou les diverses trinités : Isis-Osiris-Horus, Brahma-Vishnou-Shiva, Le Père-le fils-le Saint-esprit, etc.ou plus littéraire : La Thèse-l'antithèse-la synthèse (ou sainte aise ?)…

Ainsi, autant le 1 est relié au point (d'impact), à la trace laissée par la pointe de la flèche, autant le 2 permet de faire apparaître un segment de droite reliant deux points, autant le 3 t'offre l'image d'un triangle, première figure géométrique, première forme (ou mise en forme).

Une symbolique qui peut renvoyer à l'image de soi, ou comment je me figure ma propre figure, comment j'apprécie ou non mon look, mon apparence physique et vestimentaire…
Renvoie-t-il à la nudité originelle et édénique, avec ou sans feuille de vigne ?

Avec le TROIS se pose aussi la question des « étiquettes ».
Celles qu'on t'a collées ou qu'on te colle sur le front, et que tu n'oses plus décoller ? C'est-à-dire des projections que l'autre, ou les autres, font sur toi, de face, de profil ou dans ton dos…
Les TROIS t'invite-t-il à te lancer dans une quête du « sans étiquettes » ?

LE QUATRE

Maintenant qu'on s'est bien amusé, passons aux choses sérieuses. Comme dans la fable où après avoir chanté tout l'été, la cigale laisse la place à la fourmi, plus prévoyante pour la suite.

Aussi le QUATRE t'invite à garder les pieds sur terre, à t'organiser au mieux, sans négliger les contingences matérielles et concrètes.

Après avoir lancé des idées au niveau de la « phase 1 », après avoir écouté ses intuitions et les conseils d'autrui à la « phase 2 », après avoir dessiné plus précisément le projet en question et fait la publicité nécessaire, c'est le moment de commencer à mettre en œuvre le chantier, à poser la première pierre de ce qu'il y a à construire ou réaliser.

En effet le QUATRE t'incite à poser des bases claires et tangibles, à préciser un cadre et à le respecter. Nous sommes ici au centre de l'organisation, de la gestion de ce dans (ou en) quoi tu as pu t'engager..
Ce nombre t'invite à organiser au mieux, et au quotidien, les choses de ta vie.

Il te suggère aussi de respecter une certaine discipline, surtout dans la durée, de façon à développer ta ténacité, ta résistance à ce qui pourrait te faire dévier de ta route, ou te faire perdre ton temps.
En effet le QUATRE avance assez lentement… mais sûrement. Il est très lié au temps et à l'espace (mais vraiment à « l'Espace-temps »).
Aussi, il te suggère de faire ami-ami avec ta pendule ou ta montre. Car cela montre ta capacité à t'incarner et à respecter les horaires (pour toi et surtout pour les autres !).

En fait, il évoque le fait de trouver sa place ou non. Le fait de ne pas se trouver souvent au bon endroit et au bon moment est le signe qu'on n'a pas trouvé sa place et qu'il reste à faire « un travail » d'ancrage personnel, de positionnement… Histoire d'être bien dans ses bas-kets… et pas à côté !

Ainsi la quête évoquée ici pourrait être celle d'une juste relation avec les « nécessités du moment », avec les exigences de la réalité la plus tangible.

Le QUATRE t'invite par ailleurs à te questionner au niveau de ta relation avec l'argent, les possessions. Les objets que tu possèdes ou non. Ceux auxquels tu t'identifies peut-être (maison, voiture, objets d'art, terrain, ou le dernier smartphone ?).

Il te propose de ne pas excessivement te « mettre en quatre » pour une valorisation uniquement matérielle. Et d'éviter, par ailleurs, de trop « couper les cheveux en quatre » dans ta manière d'organiser ou de gérer personnellement les choses.

Il peut aussi t'interroger au sujet de ta relation avec la tradition (familiale ou sociale). Où en es-tu côté reproduction du fonctionnement ou

des désirs (sur toi ?) de tes parents ?
Qu'en est-il des héritages psychologiques de tes grands-parents ou de tes ancêtres ?

Tu as une place dans ta famille (un numéro d'ordre). Comment joues-tu le nombre qui l'évoque ? De quelle manière t'investis-tu dans cette place ou la laisses-tu à quelqu'un d'autre ?

Le QUATRE peut aussi t'interpeller concernant ta relation à ton corps (ta structure corporelle) : quelles sont tes habitudes de vie ? (nourriture, activités, gestion corporelle).

Ce nombre très lié à la TERRE concerne ta « mécanique physique ». Tout ce qui peut avoir besoin, de temps en temps, d'un bon ostéopathe, etc.

Comment entretiens-tu ton « véhicule terrestre » ? Il parait que : « Qui veut voyager loin ménage sa monture »...
Sans rester à cheval sur des principes idiots ou périmés, ce nombre t'invite à « écouter ton corps », à bien le connaître, à le « bichonner », mieux qu'un passionné de voiture de collection ou de voiture de luxe.

Restant en accord avec ton corps... il te le rendra au centuple ! C'est un bon et « réel investissement » au cœur de ta vie terrestre, non ?

Bon, je n'irais pas plus dans les détails (même si le 4 les adore). Et sans avoir l'air de « pinailler un peu », je t'invite à rencontrer la suite du programme en passant à la phase 5, très différente de la phase 4.

À noter : en numérologie on peut remarquer que les phases se suivent mais ne se ressemblent pas (puisqu'elles se complètent les unes les autres).

LE CINQ

Où est donc passé ce beau Cinq ?
Mobile, surprenant, rapide (et rusé), il est déjà parti où on ne l'attendait pas !

En effet, le nombre CINQ te propose d'oser mouvements, changements et réformes dans ta vie.
Il t'invite à ne pas rester coincé(e) dans un cadre par trop coercitif ou « emprisonnant », ou dans de vieilles habitudes sclérosantes ou aliénantes.

Il te suggère de » prendre l'air » (et le vent du large), d'oser certaines libertés (de « chérir » ta liberté diraient Brassens ou Moustaki). Et parfois, ou souvent, ne pas « suivre le troupeau en ne faisant du tort à personne ».

Ou comment tenter l'aventure, tenter les surprises, explorer de nouveaux espaces ou de nouvelles activités, tout en restant, bien sûr, soi-même.

Aussi le CINQ t'invite à sortir de ton fauteuil (ou des écrans auxquels tu es devenu accro ?) pour aller « voir ailleurs », changer de décor, rencontrer de nouveaux challenges.

Juste, de temps en temps, t'accorder un peu de repos. Tu n'es pas obligé de faire comme le lapin de la pub pour les piles Wonder ! Ou de sauter dans tous les sens comme au sein d'un championnat de Hip-hop.
À moins qu'un cirque veuille t'embaucher comme trapéziste (pour te lancer dans le vide… sans filet ?).

Le CINQ t'invite à considérer qu'une certaine prise de risque peut s'avérer utile voir passionnante (et riche en adrénaline). Mais tu n'es pas obligé(e) de chercher à avoir une médaille dans le livre des records ! Un peu de lucidité et de calme peuvent être ici salutaires… Voire vitaux !

Allez ! Un coup de trampoline de temps en temps te permettra peut-être de dissiper la nervosité ou « l'électricité » en toi propre à cette phase…

Il est question ici d'apprendre à jouer les « équilibristes », de faire du « en même temps », et de s'entraîner à bien retomber sur ses petites pattes. C'est toute une gymnastique… Peureux s'abstenir !

Aussi, le CINQ te propose de prendre conscience de tes belles ca-

pacités à faire évoluer les choses, à dynamiser certains « enlisements » passés, d'alléger « ta montgolfière personnelle ».
Cela, en te débarrassant de ce qui est périmé, ou qui pourrait alourdir ta démarche.

Il te suggère d'oser certaines petites révolutions, certains petits bouleversements au fil de ton beau chemin d'aventure et de découvertes (chemin d'envies nouvelles et variées).

Parfois le 5, s'il peut avoir tendance à courir plusieurs lièvres à la fois (même si ce n'est pas le patron des chasseurs), et à se perdre un peu dans la multiplicité, te propose néanmoins de trouver le juste équilibre, ou juste milieu, dans tes belles recherches, au service de la joyeuse curiosité qui pourrait être la tienne...

Nous allons maintenant quitter ce CINQ (six « cinq-pathique » !) pour aller à la rencontre du SIX qui pourra le compléter (et l'aider à aller plus loin) au fil de cette progression numérique et vitale.

Après l'ambiance très Yang-masculine (mentale) du 5, passons aux propositions très Yin-Feminines (« coeurporelles ») du 6...

LE SIX

Un peu de « luxe, calme et volupté », ça te dit ?
Si oui, écoute bien les conseils du SIX...

Ce nombre t'invite à développer ta capacité à te relaxer, et à lâcher-prise quand c'est nécessaire.

Il te suggère d'oser savourer ton plaisir sous toutes ses (belles) formes. À déguster la vie par les deux bouts (même en restant debout !).

Ses composantes féminines (toutes en arrondi) te proposent d'accueillir douceur, calme, et paix intérieure. Elles t'encouragent à t'offrir de bons moments de disponibilité à la beauté, à la nature et au pétillement de la vie.

Cela le plus souvent possible. À consommer sans modération ! Sauf si c'est pour t'enfiler trop vite une bonne bouteille d'Angélus ou de

Château Margaux ! Surtout si c'est sans prendre le temps de vraiment sentir leur parfum, ou sans rester bien présent en les accompagnant dans leur « long en bouche ».

Pour d'autres ça sera le bon chocolat, pour d'autres le foie gras… Ma foi ! Chacun ses goûts !

Belles couleurs, bons parfums, tissus raffinés, ou une bonne baignade nue entouré du chant des oiseaux fera l'affaire.

Par ailleurs, et surtout, le SIX t'invite à aimer vraiment. En commençant par t'aimer toi-même. Il va de soi que s'aimer soi est un préalable au fait (et à la capacité) d'aimer l'autre !

Ce nombre te propose d'agrandir la confiance en toi… pour grandir vraiment (en conscience). Confiance en soi, va là aussi de pair avec confiance en l'autre. Juste pour faire une belle paire amoureuse…

Il t'invite, d'une manière générale à te mettre sur le chemin de l'harmonie. En toute disponibilité, en toute sensualité.
Sans oublier de remercier la vie. Et tous les cadeaux humains qui peuvent se présenter dans ta progression, et que parfois tu négliges, ne vois pas ou t'interdis d'accueillir.

Maintenant que tu as bien profité de ton jacuzzi, de ta bonne bière et diverses « bonnes gourmandises », ou belles sensations douces, il t'est demandé d'expérimenter une autre école, de prime abord plus « sérieuse », et aux apparences plus exigeantes et plus austères avec le nombre 7.

LE SEPT

Après le côté « édénique » du SIX avec ses beaux élans amoureux et sensuels, le nombre SEPT t'invite à aller à l'essentiel et à développer tes connaissances et tes prises de conscience.

Il t'invite à rencontrer le « silence en toi » par la méditation ou la lecture tranquille. En tentant la présence à l'instant la plus totale et la plus épanouissante.

Il te suggère, pour exprimer tes opinions ou tes options profondes, de remuer 7 fois ta langue dans ta bouche. Histoire de ne pas à avoir à regretter des propos inconsidérés et peu connectés à ton moi profond. Comme on dit : « Cette fois-ci, ou Sept fois-là, ma langue a fourché » (comme le diable en moi ou on ne sait quel démon intérieur, pas si rieur que ça !).

Le SEPT évoque la psychologie, la philosophie, et parfois l'astrologie ou la numérologie. Tous ces livres ou enseignements destinés à apprendre à se poser de bonnes questions.

Ici ta patience, et ta ténacité morale sont requises. Histoire de devenir un homme ou une femme un peu plus « debout » !
Et qui petit à petit oseront se passer d'un certain nombre de « béquilles psychologiques » (religieuses, partisanes ou sectaires). Sans nos cannes… Yes we can !

En fait, le SEPT te demande d'apprendre à te comprendre… mais sans rester prisonnier de ton mental ou de tes analyses purement intellectuelles. Rencontrer Dieu en soi, ou une certaine forme de sagesse profonde, ne passe pas par les mots, ni les grands discours (ou prêches)…

Certaines vérités ou évidences n'ont pas besoin de faire sept fois le tour de ton cerveau pour s'imposer à toi.
Ce n'est pas au kilo de connaissance que sera évaluée ton entrée au cœur de ton « paradis intérieur » ! Comme on dit : « Une tête bien pleine ne vaut pas une tête bien faite ». C'est un fait. Il te reste à oser faire la fête, silencieusement, à la venue d'une vraie sagesse en toi, au sein de ton bel esprit (sain ?)…

Autant le QUATRE évoquait la tradition matérielle (familiale, sociale,) autant le SEPT maintenant parle de tradition psychologique (culturelle, religieuse).

À toi, donc, de te positionner en faisant de vrais choix vis-à-vis de ces traditions. Un sacré tri à faire, non ? Sans avoir à renier ces fonda-mentaux qui structurent ton identité propre (ou à nettoyer ?). Et qui t'ont servi de « base de départ » ou d'aide à la croissance personnelle. Mais dont tu peux t'autoriser à te distancer si tel est ton désir profond.

Tout n'est pas « parole d'évangile ». Tu peux écrire toi-même ta propre version des choses, et communiquer directement avec « Dieu en toi », sans intermédiaires ou sans livres à la date de péremption largement dépassée…

Le SEPT met l'accent, pour toi, sur le fait de mettre du sens au centre de tes choix et engagements psychologiques et spirituels. Histoire d'aller dans le bon sens, celui de ta vie personnelle. C'est-à-dire mettre du « sens juste », juste pour t'éviter de rater la bonne direction, ou t'engager dans de regrettables sens interdits !

Ton meilleur professeur peut se révéler être ton « Maître intérieur ». L'avantage c'est qu'il est disponible (gratuitement) 24 heures sur 24. Juste ne pas te tromper de numéro (c'est logique ?) pour pouvoir communiquer avec lui.
Bon, je sais, restons sérieux, c'est un peu téléphoné mon propos ! Juste éviter de te perdre dans les « couloirs mentaux » de ta bibliothèque ou de tes belles archives intérieures. Ici patience et persévérance sont conseillées…

Tous les programmes ne sont pas à respecter et à appliquer à la lettre (ou au nombre) !
C'est vrai, nous avons tous besoin de certaines structures (mentales et psychologiques), mais rien ne nous oblige à rester prisonnier dedans. L'enferme-ment n'aide pas toujours à trouver la vérité…
Se mettre des « oeillères mentales » ne conduit pas toujours à une vue globale ou panoramique des choses de la vie.

Parfois, il peut t'être bienvenu de sortir de « balisages habituels » pour découvrir et rencontrer plus de lumière et de vie.
Lorsque la flamme de la Pentecôte te tombe dessus, et te pousse à sortir de ton trou (mental)… Pour te donner la possibilité de porter une « bonne parole » à d'autres, ou enseigner tes prises de conscience ?

C'est peut-être là que ta belle « connaissance intérieure » deviendra flamme, et que cette lumière bienfaisante donnera naissance au meilleur de toi-même… Où au centre des 7 merveilles de ton monde intérieur ?

LE HUIT

Maintenant nous abordons un ensemble de gros défis ou « sacrés challenges » (Dieu se serait paraît-il arrêté au 7 -Le septième jour- lors de la Création, c'est dire !)…

Après les diverses propositions de cadrage mental, ou les incitations à te structurer psychologiquement ou spirituellement offertes par ce nombre 7, ainsi que de belles pistes d'accès aux connaissances concernant l'humain, voici maintenant le HUIT qui reste à ta disposition pour continuer à avancer et à oser aller plus loin sur la route de ton épanouissement et de ta réussite.

Le HUIT est un nombre aux doubles propositions (assemblage de deux zéros ?). D'un côté des aspects Yin-Féminins, et de l'autre une intériorité Yang-Masculine.
C'est-à-dire d'une certaine manière du « Yin dehors » et du « Yang dedans ».
À l'usage, on peut remarquer que les propositions Yang-Masculines ont tendance à prendre le dessus…

À noter, par ailleurs que l'initiale H du HUIT est la belle huitième lettre de l'alphabet. Comme celle du Héros, comme les mots Honneurs, Héritages.
Une place tout en Hauteur, au sommet de la Tour ? Est-ce un univers à Haut risque ?

Le principal n'est-il pas de rester ici Hardi, Habile et bien debout en haut de la Hiérarchie ? Une vraie ambiance Homérique… Sans la Bombe H ?

Et bien sûr sans oublier la Hotte du Père Noël…
C'est un peu aussi le Club des Hyperactifs… Celles et ceux qui ont de belles réserves de puissance et une forte vitalité.

Le HUIT parle aussi d'Hermétisme et de grandes responsabilités aussi spirituelles que matérielles.
Concernant les pauses ou le repos, ici c'est « Tintin ! », comme dirait Hergé (avec son Capitaine Haddock ?).

Les pistes de ce HUIT peuvent laisser à penser qu'il héberge au fond de lui-même un fervent UN (une sorte d'axe intérieur qui l'aide à « tenir debout » dans les tempêtes).

Ainsi ce nombre HUIT te conseille vivement d'accorder une belle place au Héros ou à l'Héroïne qui sommeille en toi peuvent manquer un peu de carburant et qu'il te reste à bien nourrir, à bien entrer en piste…

C'est alors que le HUIT t'invite à développer ton beau pouvoir sur ta propre vie. Un vrai « pouvoir de te réaliser ». Un vrai pouvoir de te réussir… En t'engageant fortement dans de belles et grandes œuvres (à ton échelle), en devenant « Maître d'œuvre de tes plus imposantes constructions.

Précisons que la notion de Pouvoir n'est pas toujours incarnée par la gent féminine (pour un tas de raisons malheureusement culturelles ou religieuses).

Aussi le HUIT, nombre féminin, rappelons-le, s'adresse plus particulièrement aux femmes. Leur suggérant de vraiment reprendre leur pouvoir sur leur vie, sur leur corps, sur leur esprit. Et, bien sûr, leur pouvoir dans la société…

Il est vrai que le Pouvoir est souvent perçu comme dommageable lorsqu'il est illustré par un pouvoir de domination ou de tyrannie. Un pouvoir de manipulation ou d'exploitation (de l'homme par l'homme ?). Ce qui, bien sûr, n'est pas Juste !

Rappelons ici que le HUIT évoque la Justice (la 8e Carte majeure du Tarot). Une justice où il ne serait pas question de « vengeance », de bombardements ou de crimes de guerre.

Une justice, où il est souvent recommandé de ne pas « faire justice soi-même », et en se méfiant de cette colère qui pousse à aller au-delà d'options « démocratiques » ou de désirs humanistes et affichés…

Ainsi, le HUIT t'invite à développer tes capacités de construction, tes dons de « bâtisseur » ou « bâ-tisseuse » à différentes échelles, et à la manière qui te convient.

C'est vrai le HUIT parle en général de réussite sociale ou financière, de cette accession (ascension ?) à un haut niveau professionnel... Ce n'est pas pour cela qu'il ne s'adresse pas à toi.

Chaque jour est à ta disposition pour avancer, grandir, mettre en œuvre de belles réalisations. Il y a tant de façons de réussir, tant de manières de se réussir !

Il y a tant de chemin à tenter pour devenir « Roi » ou « Maître » de ta propre vie...

Rappelons qu'un échec n'est pas forcément une défaite (dans la « bataille de la vie »). Au cœur de tout échec peut se cacher la ou les réponses que tu cherches.

Tout vrai guerrier combat pour cheminer vers cette paix intérieure capable de transcender toute sauvagerie. Ou comment apporter la paix et la justice au cœur du « combat »...

Tu peux aussi ne plus craindre des « ennemis », car le pire (et le seul) ennemi est en toi !

À noter : le HUIT t'offre ses pistes, tant sur le plan matériel que sur le plan spirituel (au niveau de la Conscience).

Par ailleurs, le HUIT, champion de la Transformation, t'invite à oser transformer le plomb en or (symboliquement) au fil de ta belle progression personnelle.

LE NEUF

Ce dernier nombre à un chiffre, nous offre de « boucler la boucle » de cette série de base à partir de laquelle de nombreux assemblages vont devenir possibles : des nombres à deux chiffres, à trois chiffres, à quatre chiffres (peu au-delà, car les nombres liés aux années n'en comportent pas encore cinq !).

Ainsi, après les exigences et les beaux défis liés au monde matériel, et toutes les forces à mettre à contribution pour affronter la vie, et faire ami-ami avec elle, le NEUF t'invite maintenant à favoriser ton ouverture de conscience et tes recherches spirituelles.

C'est-à-dire ta capacité à élargir l'horizon de tes possibles, à faire confiance en tes dons spirituels, à tes intuitions profondes, ainsi qu'à tes envies d'universalité et tes élans d'humanisme.

En effet, le NEUF t'offre généreusement l'opportunité de passer à « l'écran panoramique », et d'avoir une vision plus collective des choses.

Il évoque généralement l'engagement social (et humanitaire), et il t'invite à incarner, à ta manière, une démarche « sans frontière » ou sans les œillères d'un quelconque racisme ou communautarisme limitatif.

Il te suggère même de « tendre la main » à l'étranger, voire à « l'honorer ». Ce qui peut t'aider à faire la paix avec toi-même, et favoriser la chute des « murs de Berlin » intérieurs qui pourrait rester érigés, plus ou moins consciemment, en toi. Une manière d'aider à aimer, en toute lucidité bien sûr, ton prochain… quel qu'il soit.

Le NEUF te propose d'accueillir dans ta vie (et dans ton quotidien) la « colombe de la paix », et le non-rejet de l'autre, de tout être différent de toi (et bien sûr ni supérieur, ni inférieur à toi).

C'est-à-dire, reconnaître cet autre à l'aune de la connaissance ou de la reconnaissance de toi-même. Ta relation à l'autre, aux autres, n'est-elle pas à l'image de ta relation à toi-même. Une relation qui mérite peut-être certains éclaircissements, certains bilans, certains « nettoyages sur la ligne »…

À trop regarder le ou les tyrans extérieurs, en oublies-tu de repérer (ou d'éduquer) tes petits ou grands « tyrans intérieurs ». Tyrans qui auraient pris le pouvoir au sein de ton monde intérieur sans te demander ton avis ?

Pour prôner la paix, il semble nécessaire de savoir jouer les médiateurs, ou conciliateurs, au niveau sensible de ces diverses « batailles intérieures » (ou guerres larvées ?). Là où s'ébattent tes petits démons intérieurs ?

Le NEUF te rappelle que cette réalité extérieure est fortement teintée par ta réalité intérieure. Et qu'en complément de l'utilisation de tes yeux (« de la tête » ?), il t'est conseillé de ne pas oublier tes « yeux du cœur » !

Le principal n'est pas de « t'arrêter de penser », mais d'arrêter de t'identifier à tes pensées !

Aussi, c'est au cœur d'un profond cheminement de conscience que le NEUF t'invite à t'engager, en toute disponibilité, en toute confiance.

Cela pour te permettre d'accéder, à travers un « regard neuf », à une nouvelle et ardente « réussite » ... Ainsi qu'à une mise en lumière bienvenue, à la rencontre du divin en toi-même.

Ou tout simplement au meilleur de tes belles aspirations humaines et spirituelles. Histoire enfin d'accéder à un autre « plan d'évolution » personnelle. Au sein de la « pleine conscience » dans l'instant présent...

Alors tu pourras cesser de vouloir (tout) comprendre en te contentant d'ÊTRE. D'être toi. D'être en accord avec toi. D'être le reflet du meilleur en toi. C'est-à-dire honorant tes dons, tes acquis, tes atouts (maîtres ?), tes nombreux possibles à disposition...
Pour ne faire plus qu'un... avec « l'âme du monde » ?

LES NOMBRES DE BASE : une suite ordonnée.

Le cheminement au fil de ces 10 nombres de bases que nous venons d'évoquer, met en évidence un certain ORDRE à observer, à respecter (ainsi, nous le verrons plus tard la notion de « nombres d'ordre ») pour aborder les diverses étapes de tout processus humain (ou de réalisation personnelle).

Notons au passage que, comme les jours, ces étapes (ou propositions de chaque nombre) se suivent et ne se ressemblent pas.

Aussi, tu es invité(e) à connaître cette suite et ses nécessités dans toutes tes œuvres, avancements ou explorations les plus lucides.

Ensuite, ces nombres de base vont s'associer entre eux pour permettre d'accéder à d'autres propositions, plus fines, plus nuancées (et parfois plus complexes).

Par ailleurs ces assemblages pourront donner naissance à des

« nombres à deux chiffres » (dont les trois « Maîtres-nombres » 11/2, 22/4, 33/6). Puis à trois ou quatre chiffres. On n'ira pas plus loin, car les nombres à cinq chiffres n'apparaissent pas en numérologie humaniste (les nombres des années de naissance, et d'autre postes-clés du thème). Ce qui offre déjà une sacrée palette de propositions ou invitations au sein du thème !

L'abord ou l'utilisation de toutes ces pistes offertes dépendra fortement de la manière dont tu auras accueilli, compris ou intégré en premier lieu les messages de ces 9 + 1 nombres de base.

Précisons que TOUS les nombres sont intimement reliés entre eux, à l'image des humains (ainsi que dans les religions : « Religere » veut dire relier. Se relier à Dieu ? à sa conscience profonde ? ou tout simplement à ses émotions, ses intuitions… à son propre corps ?).

Aussi, aucun nombre ne peut être abordé ou étudié seul. Ses invitations complètent et enrichissent (pour aller plus loin) les invitations du nombre qui le précèdent. Le UN s'inspire des évocations du ZÉRO (il en est « l'émanation », voire l'incarnation).
On peut même considérer parfois que le 1 suit le 9 du cycle précédent… Des boucles successives se suivent alors les unes les autres (au niveau des années personnelles, par exemple).
Chaque nombre prépare ainsi la venue du suivant dans cet ordre ou suite des nombres.

De cette façon, chaque nombre peut se trouver dans un rôle (ou place) de « précurseur » du nombre qui le suit. Il lui fait la trace, en quelque sorte. Il peut se trouver en même temps dans un rôle « d'initiateur » vis-à-vis du nombre qui le précède (ou l'a précédé).

Par exemple, le 1 à l'image d'Adam arrive avant Ève. Il est donc son précurseur. Mais Ève, à l'image du 2, se révèle être pour lui une sacrée initiatrice !
Mais, me diras-tu, de qui le 1 peut-il être l'initiateur ? Eh bien ; du 9 précédent (du « cycle » précédent).

En continuant : le 2 (La Maman) se situe avant le 3 (l'Enfant), elle est dans un rôle « précurseur ». Et le 3 sera l'initiateur de sa mère.

Les enfants ne sont ils pas les initiateurs, voire « thérapeutes » de leurs parents ? Et ainsi de suite avec les nombres suivant. Le 3 précurseur du 4, le 4 initiateur du 3 et précurseur du 5, lui-même son initiateur et précurseur du 6, etc.Une belle entraide inter-nombres, n'est-ce pas ?

Sachant, bien sûr qu'aucun nombre n'est supérieur à un autre. Si une hiérarchie est faite, elle est l'œuvre d'esprits obtus ou de manipulateurs…

Redisons, une fois de plus que les nombres, dans le thème sont en interactions les uns des autres (dans une grande liberté, égalité, et fraternité).

Leurs propositions s'interfèrent, se complètent, se modulent, s'enrichissent les unes les autres. Ensuite viendra le libre-arbitre de la personne concernée par le thème qui en fera quelque chose de magnifique ou non, de réjouissant ou non. En fonction de ses choix, de ses envies, de ses sabotages ou de ses propres freins…

Ainsi, il n'y a pas de « mauvais thème », ni de « bon thème », il y a ce qu'on en fait ! Comme bien sûr, il n'y a pas d'obligation, rappelons-le, à « obéir » au thème (ou aux nombres !) qui en aucun cas n'a à déterminer notre vie, notre chemin d'envies, et nos espoirs personnels et profonds…

À noter : il serait dommage (voire idiot) de s'identifier à un nombre (ou à un « Chemin de vie », ou autre nombre important du thème).
La vie est mouvement. Tout bouge. L'humain est censé faire de même (s'il s'aime ?).
Aussi un thème digne de ce nom ne peut être figé ou « déterminé » une bonne fois pour toutes.
Au fil de ta progression tu changes, tu vois les choses autrement, et tu peux percevoir ou comprendre les pistes des nombres de manière différente. Avec un regard neuf (ou 9 ?)…

Comme disait un de mes maîtres « Ose changer la place de la caméra, tu auras une autre perspective, un autre point de vue, donc la perception d'une autre réalité… d'une autre vérité » !
Finalement, reste conscient que tout bouge, tout évolue. Ce qui ne bouge plus (encéphalogramme plat ?) est cristallisé… ou mort !

Les propositions qu'on peut te faire à un âge ne sont plus valables ou « à jour » à un autre moment de ta vie. Un autre « instant présent » où

les circonstances, les énergies, ne sont plus forcément les mêmes. Sans oublier la météo ?
Chaque « étape » a ses particularités, et te demande une réponse ou une envie d'oser souvent très différente. Libère tes envies… sur ton beau « Chemin d'envies »…

Il en est de même pour ton « caractère ». Il peut changer, évoluer au fil du temps. Comme au niveau de ta « personnalité » : tu n'en as pas qu'une ! Là aussi, il serait dommage de rester coincé dans une prétendue « Personnalité », classée, fixée ou étiquetée par d'autres ou figée comme telle !
En fait, avec cette personnalité fixe, tu deviendrais une « personne-alitée » !

Des nombres pour OSER , des nombres pour EVOLUER...

1 — Invitation à développer leadership et conception

Oser s'affirmer, faire la trace.
Oser se positionner, se centrer.

2 — Invitation à développer écoute et conseil

Oser ressentir et développer sa sensibilité
Oser l'empathie . Relier les complémentaires

3 — Invitation à développer communication et animation

Oser exprimer son art et faire sa pub
Oser s'offrir reconnaissance et aimer son apparence

4 — Invitation à développer construction et sécurisation

Oser concrétiser avec tenacité et dans les détails
Oser s'ancrer, respecter son rythme, trouver son espace

5 — Invitation à développer aventure et recherche

Oser l'inconnu et se laisser surprendre
Oser bouger, changer, se libérer et prendre l'air

6 — Invitation à développer lâcher-prise et amour

Oser développer ses sens, soigner avec les mains
Oser aimer le beau et créer de l'harmonie

7 — Invitation à développer intériorisation et méditation

Oser structurer ses connaissances
Oser ne pas être parfait

8 — Invitation à rencontrer sa puissance intérieure

Oser réaliser et s'engager sur le terrain
Oser vivre l'expérience et la transformation

9 — Invitation à développer conscience globale, intuition

Oser utiliser les messages des symboles
Oser tenir compte des synchronicités

11/2 — Invitation à nettoyer son "canal", gérer ses passions

Oser un travail sur ses émotions. Oser éveiller et affiner son charisme. Et ses dons de guérison.

22/4 — Invitation à développer ses côtés visionnaires

Oser un travail sur ses racines et peurs héritées
Oser bâtir pour le bien collectif

33/6 — Invitation à contacter son puissant guide intérieur

Oser un travail sur les attachemrents affectifs
Oser l'amour inconditionnel, la guérison spirituelle

1 — **Le UN Leader, sûr de lui. Le UN Pionnier, concepteur.**

" Je m'affirme. Je fonce (avec ma tête)."
" Je fais la trace. Je veux toujours être le premier."

2 — **Le DEUX sensible et souple. Le DEUX thérapeute.**

" Je ressens. Je réunis les extrêmes"
" Je capte l'autre. J'aime l'empathie."

3 — **Le TROIS animateur, artiste. Le Trois amical, optimiste**

" Je m'exprime. Je fais ma pub !"
"J'aime briller. Je cherche à plaire et à être reconnu."

4 — **Le QUATRE travailleur. Sérieux, discipliné, traditionnel.**

" Je concrétise avec tenacité. J'ai le sens du devoir"
"J'observe les détails. Je cherche à me sécuriser."

5 — **Le CINQ aventurier. Le CINQ électrique, sous tension**

"J'analyse. Je questionne. Je critique."
" Je bouge sans arrêt. J'ai besoin d'air et d'espace."

6 — **Le SIX maternant. Le SIX relax. Le SIX épicurien.**

" J'aime le beau. J'aime l'amour. Je féconde"
"J'aime toucher et sentir avec mes mains."

7 — **Le SEPT prof, psychologue, phylosophe ou mystique.**

" Je m'intériorise. J'apprécie le silence, le secret."
"Je cherche à me sécuriser dans ma tête."

8 — **Le HUIT héroïque et généreux. Courageux et lucide.**

" Je réalise avec ambition. J'aime les défis."
"Je combats avec bravoure. J'ai de l'expérience."

9 — **Le NEUF altruiste, idéaliste, universel et humaniste.**

" Je capte. J'utilise mon imagination."
"Je comprends les autres. Je compatis."

11/2 — **Le ONZE "messager divin", médium, éveilleur.**

"J'utilise mon canal intérieur au service de l'ouverture de conscience."

22/4 — **Le VINGT-DEUX Leader éclairé. Visionnaire aux projets collectifs à grande échelle.**

" Je bâtis pour le bien collectif et l'union planétaire"

33/6 — **Le TRENTE-TROIS Guide spirituel.**

" J'offre l'amour, la paix et la guérison..."

Les invitations des nombres à deux chiffres (10)

10	***Renouveler. Redémarrer. Repartir*** Elargir son champ d'action. Changer son positionnement. Travail de démystification de l'image du Père (idéalisé ?)
11	***Réveiller son charisme. Reconsidérer ses passions.*** Nettoyer son "canal intérieur". Oser utiliser ses dons de guérison. Travail sur les émotions. Clarification de la relation à la Mère.
12	***Retourner... Reconnaître. Regarder autrement.*** Voir la face cachée des choses. Re-nouer avec sa vraie nature, au-delà de son look. Reconsidérer le miroir du regard des autres. Mieux accueillir ses intuitions. Exprimer sa sensibilité et ses rêves. Travail sur les systêmes triangulaires. Créativité. Enfant intérieur.
13	***Renaître à soi-même. Se Regénérer. Recréer.*** Re-nouveler son image personnelle. Se re-mettre en forme. Mourir à certaines apparences, renaître à d'autres. Déracinements. Travail sur les deuils, affectifs et matériels. Les rituels de passages. Se re-situer face au Père et à l'autorité. Ressemblances phys. lignée h.
14	***Restructurer. Rebâtir. Réformer. Se reconstruire.*** Re-tour aux sources pour re-trouver ses racines. Re-habiliter son passé. Se libérer des vieux modèles. Re-mettre en place sur nouvelles bases. "Maison-mère" à re-nettoyer, re-sécuriser. Re-partir de ses besoins. Travail sur les peurs et les culpabilités. Bouger, prendre des risques.
15	***Réénergétiser. Ressourcer. Reéquilibrer. Rénover.*** Générer de nouveaux comportements. Se libérer des attachements corporels et affectifs. Relaxation au sein de la tension. Travail sur le "Couple intérieur" et la sexualité. Saut vers l'inconnu. Tenter l'aventure. Re-animer sources du coeur, donner de l'air aux possibles du corps.
16	***Reharmoniser. Recadrer psychologiquement.*** Changer ses conceptions au sujet de l'amour. Permettre aux sens de guider l'esprit. Lâcher les vérités emprisonnantes. Accoucher à une nouvelle conscience (de soi). Sensualité créatrice. La fête au corps. Travail sur loi morale du grand-père (maternel?). Apprendre à s'aimer.
17	***Reconnaître. Retransformer. Reconquérir.*** Re-apprendre. Re-prendre conscience de sa puissance intérieure. S'étudier pour mieux se connaître. Oser les défis et batailles de la vie. Repèrer les rapports de force et jeux de pouvoir inconscients. Travail sur relation aux hommes et autorité mentale par le Savoir.
18	***Reconquérir. Resituer. Reajuster ses idéaux.*** S'engager dans des conquètes de justice sociale. Oeuvrer au service de tous. "Croisades humanistes". Réparer les injustices passées liées aux héritages ou rivalités familiales. Ré-habiliter la lignée du Père. Rôle de transformateur au sein des groupes. Eviter pièges du pouvoir.
19	***Reévaluer. Réunir. Ré pélargir l'horizon de la conscience.*** Re-donner un sens à sa progression. Etre auteur de ses rêves. Re-mettre en lumière les obstacles cachés. Se re-centrer vers une autre direction. Recréer de nouvelles conditions collectives.Se distancer des problèmes Travail sur le monde inconscient. Et les pères de substitution (Maîtres ?)

Les invitations des nombres à deux chiffres (20)

20

Co-conseil. Co-accueil. Co-thérapie
Médecine naturelle. Thérapie d'entretien. Relation d'aide intuitive. Rôles féminins, "maternage". "Maman"pour autrui."Je nourris, j'héberge." Relier matrice visible et matrice spirituelle. Enfantement à soi-même. Foi. Pour générer les possibles. Travail sur lignée des femmes.

21

Communion. Co-conception. Co-leadership.
Action, décision, positionnement , dans ses partenariats , face aux images parentales. Sortir du besoin de la reconnaissance des parents. Etre auteur-créateur en s'appuyant sur ses intuitions.Autorité personelle dans les systèmes triangulaires... Réinvestir relation au Père.

22

Co-bâtir. Co-éclairer. Co-organiser à grand échelle.
Développer ses côtés visionnaires et intuitions de génie. Connection au corps. Travail sur ses racines et peurs héritées. Gestion des émotions. Nouvelles dimensions pour l'abondance. Elargir son espace d'action. Travail sur les ancrages physiques et structure professionnelle.

23

Co-création. Co-animation. Co-expression.
Utiliser le corps, le mouvement pour la création et la communication. Couper le cordon Maman-enfant. Oser le jeu libre de l'énergie dans son corps et dans la relation à l'autre. Prendre au vol mots et situations avec humour, souplesse, rapidité. Vivacité d'esprit. Oser le micro...

24

Co-réalisation. Co-organisation. Co-structuration.
Thérapies psycho-corporelles. Architecture intérieure (et physique?). Naturopathie., bien-être et esthétique. Travail sur les attachements et les dépendances affectives. Importance de la famille et des héritages féminins. Sécurisation familiale et rôles de services (Peur de l'abandon)

25

Co-expérimentation. Co-énergétisation. Co-recherche.
Relier intellect , intuition et sens de l'observation. Oser la mobilité mentale pour découvrir de nouvelles théories. Sens psychologique et capacités d'adaptation aux situations. Se libérer des reproductions passionnelles et des habitudes de sur-mentalisation. Arbitrages divers.

26

Co-guérison. Co-protection. Co-harmonisation.
Développer sa conscience du corps et sa puissance régénératrice. Travail sur les jeux de pouvoir au sein des alliances familiales et des engagements amoureux. L'amour au service de la transformation int. Rôle de "mère protectrice". Travail sur la "mère qui s'accroche"...

27

Co-analyse. Co-éducation. Co-conscientisation.
Psycho-thérapie. Numérothérapie. "Psycho-magie". Analyse des rêves. La structuration mentale au service du monde sensible.
La méditation pour se relier à soi-même. Accueillir le maître intérieur et faire confiance aux messages intuitifs concernant le collectif.

28

Coatching. Co-bâtir. Co-stratégie.
Puissance personnelle à utiliser au service des autres.
Travail sur la colère. Régler les rivalités ou les oppositions à la mère.
Statut social résultant d'associations matures. Les exploits ou réalisations héroïques avec un sens de l'équilibre et de la justice.

29

Co-channeling. Co-médiumnité. Co-canal.
Charisme et guérison spirituelle. L'inspiration et la haute sensibilité au service des groupes. Travail sur les émotions pour éviter le parasitage des révélations du canal intérieur. La force se trouve au sein d'un collectif féminin. Transmission d'enseignements spirituels humanistes.

Les invitations des nombres à deux chiffres (30)

30 ***Communication artistique.***
Grandes possibilités de création. Développer son intuition au service de l' inspiration picturale, musicale ou littéraire riche et dynamique. Travail sur l'image de soi et la dépendance au regard des autres. Oser briller sans s'aveugler . Oser de nouvelles formes d'expression.

31 ***Communication fonctionnelle..***
Autonomie dans l'expression. Désir d'être à l'avant-garde. Un look qui décoiffe? Besoin d'action, de mouvement, pour donner sa pleine mesure et montrer sa force créative. Oser se centrer pour innover sans rester trop respectueux du cadre traditionnel. Besoin de reconnaissance du Père.

32 ***Communication émotionnelle.***
La sensibilité et l'intensité des émotions sont source de créativité. S'adapter au langage de l'autre. Oser s'écouter, pour mieux s'entendre. Travail sur le miroir que renvoie l'autre. Jouer mobilité et adaptation pour éviter le piège des passions.Besoin de reconnaissance de la Mère.

33 ***Communication régénératrice.***
Développer la puissance créative de l'enfant-intérieur. Renaître à une image de soi plus nature. Oser ressusciter de ses vieilles peaux...Faire le deuil de la toute puissance infantile et lâcher les séductions factices. S'engager dans la voie de "l'amour inconditionnel" ou "sans objet"...

34 ***Communication corporelle.***
Développer la prise de conscience des enseignements du corps. Travailler sur les modèles familiaux hérités. Dire ce qui reste secret. Re-créer à partir de matériaux anciens. Faire revivre autrement le traditionnel. Travail sur la place de l'enfant dans la famille...

35 ***Communication énergétique.***
Se donner les moyens de tenter l'aventure d'une créativité qui "décoiffe". Besoin d'air et de mobilité. Oser "jouer" avec l'énergie. Des sports physiques jusqu'aux sports cérébraux. Explorer les richesses de la sexualité. Expérimenter de nouveaux styles, et d'autres langages.

36 ***Communication relationnelle.***
Besoin de materner, rassurer, se chauffer le coeur et le corps au contact des autres. Besoin d'expression corporelle et gestuelle. Sensibilité aux échanges non-verbaux et aux messages de l'inconscient collectif. Oser l'amour de soi, le plaisir pour soi. Au-delà des miroirs narcissiques.

37 ***Communication pédagogique.***
Développer la prise de conscience centrée. Pour mieux jouer avec les divers savoirs et se libérer des vérités imposées par "La Connaissance". Oser enseigner ce qui parle le mieux pour soi et en soi. S'offrir des structures créatives ouvertes, pour être un précurseur authentique.

38 ***Communication stratégique (et intuitive).***
Transformer le désir de conquête personnelle, et de prise de pouvoir, en une manière d'oeuvrer avec charisme et inspiration, au service de découvertes passionnantes et de réalisations généreuses. Oser exprimer sa souveraineté intérieure et sa capacité à convaincre.

39 ***Communication universelle.***
Apprendre à se relier à ses inspirations profondes pour transmettre aux autres des messages originaux et universels. Oser la remise à neuf des vieux modèles de création et d'expression. Développer une vision plus globale des choses et des êtres. S'autoriser à être "porteur de lumière".

Les invitations des nombres à deux chiffres (40)

40

Construction et thérapie.
Développer sa capacité à sécuriser, rassurer et à travailler sur la structuration physique et psychologique de l'individu. Une force tranquille à exploiter en posant les fondations d'un nouveau savoir-faire thérapeutique ou d'une méthode de soins. Talents d'organisateur.

41

Construction d'avant-garde.
Capacités à mettre en oeuvre des techniques de pointe et à tenter de nouvelles expérience à partir de matériaux qui ont fait leurs preuves. Besoin d'être chef de projet ou éclaireur aux avant-postes dans l'exploration de domaines nouveaux. Travail sur la lignée du père.

42

Construction amoureuse et romantique.
Une sensibilité toute féminine à utiliser pour structurer la relation à soi-même et à l'autre. Développer la perception intuitive et s'en servir pour être à la bonne place au bon moment. Nourrir la confiance en soi par des réalisations tangibles. Travail sur la lignée de la mère.

43

Construction et enseignement.
Une belle capacité à faire passer des messages éducatifs et utilitaires. Développer l'originalité de style et le désir d'aller à l'essentiel. Oser favoriser la prise de conscience grâce au travail sur le concret et les ancrages terrestres. Sécuriser l'enfant intérieur et le laisser vivre !

44

Construction et organisation matérielles.
Capacité à manager de manière structurée et cadrée. Besoin d'ordre, de clarté et d'efficacité. Puissance et tenacité au service de réalisation solides (des ouvrages de référence. Des bases cenrales). Travail sur les peurs ancestrales et les reproductions familiales (surtout liés à l'argent).

45

Construction physique et énergétique.
Grande habileté à saisir la complexité de fonctionnement du corps et à gérer les problèmes de circulation énergétique. Oser expérimenter diverses techniques manuelles, et faire des recherches en médecine holistique (et chinoise ?). Déracinement familial à compenser ?

46

Construction amoureuse.
Besoin d'un "cocon d'amour" ou d'un espace protégé de régénération personnelle pour se recentrer et donner sa pleine mesure. Les repères affectifs et les sécurités matérielles passent au premier plan. Materner et prendre l'autre en charge est une spécialité. Oser se faire plaisir...

47

Construction et canal spirituel.
Un cadre sécurisant, des repères mentaux précis sont ici nécessaire à la mise en place d'un système capable de réflexions et de prises de conscience très structurées et puissantes. Oser développer la capacité à transmettre des enseignements spirituels. Déculpabiliser les passions ?

48

Construction et pouvoir de protection.
Edifier ou préserver solidement font partie cette panoplie de bâtisseur à disposition ici. Oser développer la capacité à être au four...et au moulin ! Capacité à mener de front plusieurs chantiers ou "batailles héroïques". Carences parentales ou ancestrales à compenser ?

49

Construction et renaissance.
Rénovation et remise à neuf sont des spécialités proposées ici. Oser reconsidérer les structures dépassées et élargir las horizons trop bien calibrés. Besoin d'un idéal en accord avec les nécessités de la vie . S'autoriser à concrétiser ses rêves ? Et se libérer du passé...

Les invitations des nombres à deux chiffres (50)

50

Changements thérapeutiques. *Renouveau de l'Energie(ressourcement)*
Invitation à faire des recherches concernant de nouvelles techniques thérapeutiques. Oser s'aventurer au-delà des concepts habituels et des sentiers battus de la "Science officielle". Développer certains types d'énergies inexploitées. Sexualité ouverte à de nombreux possibles...

51

Changements de caps. *Energie concentrée (dynamisante)*
S'autoriser à jouer un rôle de "Locomotive" pour les proches. Besoin de mouvement, d'actions d'éclats. Oser la critique constructive. Aptitude à traverser les obstacles. Capacité de prise de décision rapide. Sexualité de type "maculine active". On aime prendre les initiatives...

52

Changements émotionnels. *Energie souple et mobile (pour dépassionner)*
Aptitudes à jouer un rôle de médiateur (talents diplomatiques), et à relier les extrêmes. Grandes capacités d'observation. Oser surfer sur les vagues émotionnelles des passions. Sexualité: On s'adapte très vite à l'autre. On dialogue avec ses désirs. Reste-t-on insaisissable ?

53

Changements créatifs. *Energie communicative (et provocatrice ?)*
Besoin d'air, de légèreté, de jeu. Oser jongler avec les mots. Capacité à lancer de nouveaux styles, trouver de nouveaux sons, offrir de nouvelles couleurs. Aptitude à entrer très vite en relation. Sexualité créative. De l'humour, de la spontanéité, des élans légers...

54

Changements de cadres. *Energie structurante (équilibrante)*
Capacité à organiser rénovations et reconstructions diverses. Besoin de stabiliser et structurer les initiatives trop "dispersées" ou "immatures". Oser se connecter à ses bases physiques, développer ses ancrages. Sexualité: Besoin de sécurité dans un cadre connu. Pour rêver ensuite?

55

Changements énergétiques. *Energie hyper-électrique (très polariséeYang)*
Capacité à être sur le "qui vive" en permanence. Prêt à démarrer en trombe ! (carburation double corps ?). Besoin d'expériences diverses (touche à tout ?). On tente "la périphérie" avant de viser le centre... Sexualité: Désirs d'aventures variées. On bouge trop...dans sa tête !

56

Changements amoureux. *Energie d'attirance sexuelle et sensuelle.*
L'aventure commence-t-elle par de belles surprises sensuelles ? Grandes intuitions pour guérison du coeur et harmonisation des corps. Capacité à se ressourcer très vite dans la nature. Et dans l'eau ! Désir de relier intimement amour et sexualité. Oser caresser ses rêves !

57

Changements philosophiques. *Energie mentale (de remise en question)*
Capacités de chercheur. Expérimentation physique ou psychologique. Oser les théories nouvelles. Et la solitude du coureur de fond? L'intellect chauffe parfois. Grande maturité: on ne se prend pas trop au sérieux ! Sexualité: Besoin d'étudier et de comprendre ce qui s'y joue...

58

Changements stratégiques. *Energie de transformation et renaissance.*
Invitation à explorer de nouveaux territoires pour changer la vie. Désir de mettre sa puissance au service de la justice et de la vérité. Certaines tensions intérieures poussent à se dépasser toujours plus. Dons de guérison. Sexualité: ça décoiffe? Attention aux jeux de pouvoir !

59

Changements collectifs. *Energie universelle pour l'évolution de conscience.*
Désir de faire bouger les choses sur la plan social et humanitaire. Invitation à expériementer les voyages lointains du corps et de l'esprit. Oser vivre son idéal humaniste, et le mettre au service des mutations profondes de l'esprit. Sexualité: Un regard neuf sur la chose! Sans tabous?

Les invitations des nombres à deux chiffres (60)

60

Harmonisation thérapeutique. Amour ouvert.
Orientation vers le massage "bien-être" et soins du corps. Domaine écologique et naturopathique. Désir d'explorer les nombreux possibles de l'amour. Oser avancer sur des coups de coeur. Oser le plaisir et ses invitations spirituelles. Travail sur la femme en soi et relation à la femme.

61

Harmonisation unificatrice. Amour de soi.
Toucher favorisant le re-centrage corporel et l'alignement intérieur. Recherche d'une certaine autonomie affective. Oser prendre les initiatives et se positionner en amour. Donner un sens a son ressenti. Oser la prise de conscience des enjeux amoureux. Lien au Père.

62

Harmonisation émotionnelle. Amour romantique.
Soins maternants. Toucher tout en souplesse. Travail avec et dans l'eau. La puissance féminine au service de l'amour et du couple. Oser utiliser sa grande sensibilité et l'écoute des émotions pour transformer la dépendance affective(fusionnelle)en partenariat fécond. Lien à la Mère.

63

Harmonisation relationnelle. Amour créatif.
Soins esthétiques. Expression corporelle. Communication non verbale. Oser créer à partir de l'ouverture du coeur. Oser la spontanéité dans les élans amoureux. Importance des "mots d'amour". Amour sans frontières. Amour et humour. L'amour: Jeu relationnel? Désir de s'occuper d'enfants.

64

Harmonisation structurelle. Amour sécurisant.
Soins curatifs.Interventions de réparation corporelle. Besoin de se baser sur une certaine tradition culinaire, architecturale, et sanitaire. Invitation au travail sur les peurs de manquer et le désir de protection affective. Ne pas étouffer son coeur dans un cadre trop rigide...

65

Harmonisation énergétique. Amour et sexualité.
Rééquilibrage corporel. Travail sur les polarités et sur le couple intérieur. Oser relier intiment le coeur et le sexe. Besoin d'alternance entre le plaisir du mouvement et celui du relachement. Invitation à gèrer un fort magnétisme sexuel. Et un charisme non exempt de séduction...

66

Harmonisation sensuelle. Amour et tendresse.
Le bien-être en stéréo ! Lorsque le plaisir se savoure avec amour et que le coeur se dilate d'aise. Travail sur les attachements affectifs. Comment l'enfant s'est-il trouvé partagé entre l'amour de sa mère et celui de son père ? Oser s'aimer dans son apparence. Miroir mon beau miroir...

67

Harmonisation intérieure. Amour et spiritualité.
Méditation et mieux-être. Recherches psycho-somatiques. Désir d'étudier les facteurs de santé naturelle. Ce qui régénère. Le coeur au service de l'esprit. Et l'esprit qui observe et prend conscience des secrets de l'amour. Sagesse du plaisir. Amour sacré.

68

Harmonisation et guérison. Amour et transformation.
Reconstruction corporelle. Puissance de guérison. Travail sur les ancrages terrestres (et chamaniques). Apprendre à canaliser son énergie forte. Recycler ses élans multiples et trouver le juste équilibre dans sa passion amoureuse. Au-delà des rapports de force...

69

Harmonisation holistique. Amour universel.
Approche corporelle globale. Sensibilité aux messages inconscients du corps. Oser se libérer de la fusion amoureuse pour s'orienter vers une ouverture du coeur plus large. Lâcher le "cocon" pour ne plus se mordre la queue ! Besoin d'échanges chaleureux au sein des groupes.

Les invitations des nombres à deux chiffres (70)

70 — Prise de conscience et connaissance induite.
Accueillir tous les possibles sur la voie de la connaissance intérieure et de la puissance de reflexion philosophique et psychologique. Oser rencontrer et écouter le "Maître i ntérieur", relais du divin en soi. Travail sur les transmissions et reproductions mentales ancestrales.

71 — Prise de conscience et positionnement.
Prendre l'initiative de nouvelles théories. Oser être un penseur d'avant-garde, un professeur chef de file, un pionnier des nouveaux territoires de l'esprit. Connaissance de pointe. Autonomie de pensée. Travail sur la lignée Père-Grand-père et relation à l'autorité morale.

72 — Prise de conscience et intuition.
Dons d'écoute psychologique et de thérapeute humaniste. Oser les partenariats d'études et de recherches concernant les mystères de l'humain. Se laisser guider par sa sensibilité pour comprendre l'invisible. Observer le rôle des femmes (et mères) dans la structure généalogique.

73 — Prise de conscience et créativité.
Capacité d'enseignement et dons littéraires. Oser avancer sur sa-voie de manière originale et indépendante. Un équilibre à trouver entre "le sérieux" et le "ludique", entre le "vieux sage" et le "jeune animateur". Fort besoin de la reconnaissance du père. Désir de se faire un nom.

74 — Prise de conscience et structuration personnelle.
Capacité à concrétiser ses plans et mettre en pratique ses théories. Oser classer et ordonner ses "éclairs de génie" les plus fulgurants. Garder les pieds sur terre permet d'ancrer ses illuminations intérieures. Travail important sur les secrets de famille et les "consignes familiales".

75 — Prise de conscience et remise en question.
Aptitude à jongler avec les évènements et à utiliser les changements de manière créative et surprenante. Oser créer positivement à partir des retournements de situation (et leurs "clins d'oeil pédagogiques"). L'enfant interpelle ses parents. Ne plus jouer les "pères manquants"...

76 — Prise de conscience et renaissance amoureuse.
Invitation à relier les idées sur l'amour au vécu sensible de l'amour. Oser féconder l'esprit par le ressenti profond. Lorsque le coeur a le pouvoir de régénérer la connaissance de soi et des autres. Poser les bases d'une harmonie et d'une cohérence entre les diverses loyautés familiales.

77 — Prise de conscience et méditation.
Capacité de réflexion et d'intériorisation forte à utiliser dans le travail de clarification des consignes mentales et des fidélités psychologiques imposées par les deux lignées parentales. Oser se libérer du poids des reproductions aliénantes et des "injonctions généalogiques".

78 — Prise de conscience et réveil de la puissance intérieure.
Grandes possibilités de transformation des idées reçues et des cadres conceptuels imposés. Oser libérer la connaissance de ses chaines psycho-affectives et de ses attachements sécuritaires. L'évolution spirituelle peut passer par la voie tantrique. Le sacré dans la sexualité.

79 — Prise de conscience et étude des symboles.
Développer l'ouverture aux messages spirituels qui invitent à oser tolérance, amour universel et vision globale des choses. Laisser le divin s'exprimer en tout être. Se libérer de toutes les hiérarchies spirituelles. Denouer les pièges inconscients transgénérationnels. Voie méditative.

Les invitations des nombres à deux chiffres (80)

80

Puissance transformatrice. Stratégie de renouveau.
Capacité à s'engager dans des réalisations originales et nouvelles. Ou comment mettre à profit les acquis de l'expérience, alliés à la maîtrise et à la force intérieure. Le tout au service de missions héroïques et de projets ambitieux. Certaines injustices ancestrales occultées ?

81

Puissance de conception. Stratégie du Self-made man.
Développer des qualités de chef d'entreprise, de conquérant de nouveaux mondes. Oser concentrer ses énergies sur des objectifs très précis et élevés. Et se positionner clairement pour réussir de beaux exploits. Travail sur la relation à l'autorité (ses rapports de force)

82

Puissance de réceptivité. Stratégie des alliances.
Accueillir en soi, et chez l'autre, la partie la plus sensible et la plus mouvante, pour la mettre au service d'engagements profonds et de partenariats productifs. Protection et guérison. Travail sur les émotions et sur la colère. Se situer par rapport au pouvoir des "Mères".

83

Puissance de créativité. Stratégie relationnelle.
Développer son charisme, ou charme personnel, au service de causes spirituelles et de réalisations élevées. Oser s'investir dans les relations humaines et les communications en tous genres. Travail de valorisation de l'image personnelle (sa pub). Recherche de reconnaissance sociale.

84

Puissance de concrétisation. Stratégie "de terrain".
Capacité à construire du grand, du solide, du sérieux. Oser rencontrer le Bâtisseur qui sommeille en soi. Ne pas hésiter à utiliser les acquis ancestraux pour consolider les cadres et fondations de réalisations imposantes. Terrain "anorexique"(lâcher les jeux de pouvoirs familiaux).

85

Puissance de régénération. Stratégie de mobilité.
Risquer des engagements rénovateurs. Oser utiliser ses dons d'explorateur ou de chercheur passionné. Des énergies importantes à disposition, qu'il reste à gérer en conscience et à mettre au service de processus d'évolution nouveaux. Révolution et aventure intérieure.

86

Puissance d'amour. Stratégie de conciliation.
Développer dons de guérison spirituelle et capacités à transformer ses élans du coeur en projets ambitieux au service de l'écologie et du mieux -être. Dépasser les rapports de force des relations amoureuses et modifier les rôles Dominant / Dominé. Dénoncer la maltraitance.

87

Puissance de réflexion. Stratégie d'études et recherches.
Déjouer les pièges liés au pouvoir par les connaissances. Force de persuasion et intellect performant. Prendre conscience des surcompensations familiales qui poussent à vouloir réussir par tous les moyens. Assouplir les obligations qu'on se donne. Oser lâcher-prise. Et s'aimer...

88

Puissance de protection. Stratégie de souveraineté.
Utiliser de façon juste le"carburateur double-corps" à disposition, pour conquérir de nouveaux territoires sociaux ou financiers. Contrôler le "Tigre dans le moteur"! On veut soulever des montagnes et réussir de grandes choses... Ne pas s'imposer des modèles de réussite périmés.

89

Puissance d'intuition. Stratégie d'évolution collective.
Saisir l'indicible et dévoiler les trésors cachés au sein de l'âme humaine. Oser capter les messages des mondes subtils et transcrire ceux de l'inconscient. Les mettre au service de l'épanouissement personnel et de la souveraineté intérieure. Un héros tout neuf ? Les Z'aides des Zorros ?

Les invitations des nombres à deux chiffres (90)

90 — ***Conscience globalisante. Renouveau au sein du collectif.***
Aptitude à appréhender les phénomènes de façon holistique. Oser faire du neuf et favoriser les possibles au-delà des vieux modèles de pensée. Puissance d'interprétation des messages de l'inconscient collectif. Démarche humanitaire et grands idéaux de fraternité universelle.

91 — ***Conscience centrée. Positionnement au sein du collectif.***
Trouver l'équilibre entre l'autonomie et la participation aux projets collectifs. Mieux s'occuper de soi, pour mieux aider les autres. Capacité de leader ou de dynamiseur dans les groupes. Oser faire la trace pour les autres. Quelle place a pris le père dans la famille ?

92 — ***Conscience intuitive. Alliances au sein des groupes***
Développer sa réceptivité. Filtrer les intuitions et ne plus faire "l'éponge". Médiumnité à pratiquer avec sagesse et maturité. Rôle "maternant" dans les groupes. Oser favoriser les alliances sensibles. Gérer ses émotions. Quelle place à occupé la mère dans la famille ?

93 — ***Conscience créative. Communication dans les groupes.***
Art et expression au service de la maturation personnelle et de la progression spirituelle. Favoriser les échanges et les relations directes au sein des groupes. Oser dévoiler certains secrets familiaux. Traduire ce que nous offre l'inconscient collectif (symboles, synchronicités).

94 — ***Conscience pragmatique. Construction collective.***
Capacité à s'ancrer dans des repères bien terrestres en ayant la tête dans les étoiles. Privilégier l'application concrète dans sa démarche spirituelle. S'investir dans les groupes. Relever ses manches...Travail sur les reproductions collectives inconscientes des modèles ancestraux.

95 — ***Conscience évolutive. Mouvement collectif.***
Favoriser les mutations collectives. Prendre le risque de s'orienter vers des horizons inconnus. Capacité d'adaptation aux autres coutumes. Désir de voyager à travers le monde à la rencontre des hommes. Schémas sexuels familiaux inconscients à clarifier ?

96 — ***Conscience du coeur. Harmonisation collective.***
Grande sensibilité à l'amour universel. Oser se libérer des attachements amoureux. Mettre le plaisir au service de l'ouverture spirituelle. Tolérance, compassion et désir de paix. Besoin de la chaleur humaine des groupes. Apprivoiser ses démons intérieurs. Ouverture du coeur.

97 — ***Conscience spirituelle. Enseignements collectifs.***
Elargir sa spiritualité au-delà des dogmes et des conditionnements religieux collectifs. Importance de la méditation en groupe. Développer le recul nécessaire au sage. Héritages moraux familiaux à reconsidérer. Connaissance induite. Psychologie humaniste (des profondeurs?)

98 — ***Conscience stratégique. Grandes réalisations collectives.***
Appliquer clairement sur le terrain ses propres options spirituelles, sans le désir de les imposer aux autres. Oser être vrai, quoi que soient les pressions normatives du groupe social. Engagement dans des actions sociales (protection sociale). Puissance familiale passée à rehabiliter.

99 — ***Conscience universelle.Idéaux collectifs.Vision planétaire***
Intérêt pour les grands problèmes mondiaux. Capacité à pressentir les signes du futur. Ouverture d'esprit et désir d'aider à l'avènement d'un monde meilleur et à l'avancement de tous. Ne pas s'isoler dans ses rêves Connecté à d'autres plans de conscience ? Transmissions essentielles ?

2

LES POLARITÉS NUMÉRIQUES

Les nombres Yin-Féminins, et les nombres Yang-Masculins

En 1988, j'ai eu l'idée (saugrenue ?) de mettre en évidence les polarités Yin ou Yang des divers nombres. J'ai considéré deux familles numériques : l'une constituée des nombres « masculins » et l'autre des nombres « féminins ».

En énergétique on note le Yin avant le Yang. En numérologie on met en évidence le Yang (nombre 1) avant le Yin (nombre 2). Même si pour le zéro situé avant le 1 (et plutôt « omniprésent et non manifesté), s'il avait une polarité, ce pourrait être une polarité Yin (tout en rondeurs).

J'ai eu envie de faire le lien avec le fonctionnement de nos « deux cerveaux » (ou deux hémisphères cérébraux). La psychologie moderne ayant découvert les spécificités masculines pour le « cerveau gauche-Yang » (la seule zone Yang du corps située à gauche) et les spécificités féminines pour le « cerveau droit-Yin » (la seule zone corporelle Yin à être située à droite).

Notons au passage, et en trois dimensions, que le Yang se situe plutôt en haut du corps (la tête, le sommet) et le Yin se situant plutôt au bas du corps (bassin jambes).

Par ailleurs, le Yang concerne la droite du corps (bras droit, tronc côté droit, jambe droite) et le Yin la partie gauche du corps (bras gauche, tronc gauche, jambe gauche). Sachant, comme noté précédemment, que les « deux cerveaux » font exception (croisement des connexions neurologiques au niveau de l'hypothalamus).

Puis enfin, Le Yang est lié à la partie dorsale du corps, et le Yin à la partie ventrale.

Concernant la circulation des méridiens : les méridiens de type Yang, celui de la Vessie par exemple, partent du haut, de la tête et descendent dans le dos, et jusqu'aux pieds (cas du méridien Vessie).

Les méridiens de type Yin, comme celui des Reins, partent du bas, ici le pied, pour remonter en passant par la partie ventrale du corps.

En résumé, le Yang en zone « externe », le Yin en zone « interne » (ou plus intime).

Déjà là, commencent à se mettre en évidence des caractéristiques Yang-Masculines liées à l'extérieur, et des caractéristiques Yin-Féminines liées à l'intérieur.

Pour préciser ces deux fonctionnements complémentaires.

D'un côté le Yang		**de l'autre le Yin**
cerveau masculin		cerveau féminin
Analyse	versus	Synthèse
Logique		Analogie
Inspiration		Déduction
Vision objective		Vision subjective
Besoin d'abstractions		Besoin de concrétisation
Approche séquentielle		Approche globale
Démarche focalisée		Démarche holistique
Mode séparatiste		Mode intégrateur
ici on dissèque		ici on recoud
Le "*pourquoi*"		Le "*comment*"

Notons au passage, qu'il est recommandé de bien faire cohabiter ces deux polarités, ces deux fonctionnements psychologiques dans notre vie. Leur complémentarité peut être indispensable, voire fructueuse !

Une façon de permettre à ces deux types d'énergies de s'entrelacer, et de participer au grand « tissage de la vie »...

Pour enrichir ces quelques pistes, notons d'autres spécificités du fonctionnement Yang et du fonctionnement Yin. Mettant en lumière des aspects masculins ou des aspects féminins dans nos choix, notre manière d'être, dans notre appréhension de la (notre) réalité. Sans parler de notre façon de nous comporter dans les divers domaines de la vie.

Les Composantes Yang-masculines :

Caractéristiques	En symbolique :
Dominante mentale	Le Soleil
Les pensées, les (grandes) théories	Le jour (La lumière)
L'affirmation	L'été (le chaud)
La prise d'initiatives	Éléments FEU et AIR
Le côté cartésien	Le haut du corps, la droite, la face postérieure
Le besoin de certitudes	Temporel : le futur (l'anticipation, l'élan vers)
Style conquérant	
Priorité à l'action (extérieure)	
Toujours prêt au combat	
Sens du commandement	
Côté « électrique »	
Se dresser de façon dynamique	
Se vouloir indépendant	
Chercher à montrer sa force (physique)	
Désir de se battre	
Créer des compétitions (des « ennemis » ?)	
Rester aux aguets (et prêt à la riposte ?)	
Besoin de séduire (et de féconder ?)	
Aller directement au but (sans botter en touche ?)	
Attitude contractée	
Peur de l'imprévu (besoin de prévisions ?)	

Les Composantes Yin-féminines :

Caractéristiques	En symbolique :
La douceur, La tendresse	La Lune
L'écoute	La nuit (L'ombre)
La réceptivité	L'hiver (Le froid)
L'ouverture	Éléments EAU et TERRE
La disponibilité	Bas du corps, la gauche, le devant
L'accueil des confidences	Temporel : Le passé (les souvenirs, la nostalgie)
La souplesse	
L'adaptation	
La coopération	
Le pacifisme, La conciliation	
Le monde des émotions	
Les sentiments (L'Amour)	
Le besoin de verbaliser	
Le registre du sensible	
Les impressions, L'intuition	
La résistance passive	
La conservation	
La gestation intérieure	
La capacité d'attente (patience)	
Besoin de temps pour choisir	
Principe d'intégration	
Présence au monde intérieur	
Gestion de la nourriture-matière	
Capacité à faire des réserves (« la fourmi »)	

Récapitulatif

Les nombres Yang-masculins sont le 1, le 3, le 5, le 7 et le 9.

Je précise que, pour moi, le 1, le 5 et le 7 offrent les particularités les plus Yang. Le 3 avec ses côtés « arrondis » fait presque exception. Et le 9 ayant une forme de double polarité (Yang à l'extérieur, Yin à l'intérieur) n'est pas très représentatif de cette famille Yang-masculine. Il offre en quelque sorte une synthèse des deux composantes, des deux styles d'énergie.

Les nombres Yin féminins sont le 2, le 4, le 6, et le 8.

Je précise que, pour moi, le 2 et le 6 ont les particularités les plus Yin. Le 4 avec ses côtés « droits et rigides » fait presque exception. Et le 8 offre des aspects Yin à l'extérieur (en apparence) et du Yang à l'intérieur (une sorte de 1in-térieur).

Les nombres « rétractés » et les nombres « dilatés »

Par ailleurs, et en compléments de ces particularités Yang-masculines et Yin-Féminines, j'ai répertorié certains nombres aux aspects dilatés (arrondis, souples, relationnels) que sont le 2, le 3, le 6 et le 9.

Ainsi que certains nombres aux aspects rétractés (tendus, rigoureux, raides ou rigides positivement) que sont le 1, le 4, le 7.

Le 5 quant à lui semble dilaté dans sa partie basse (bas du corps), et rétracté dans sa partie haute (haut du corps. Tête et mental).

Le 8 de son côté pourrait sembler très dilaté (avec ses deux zéros bien ronds et superposés) mais se révèle plutôt rétracté (et prêt à bondir comme la panthère). Il héberge un 1 à l'intérieur, particulièrement rétracté.

Notons au passage que les nombres Yang-masculins sont en majorité rétractés, et que les nombres Yin-féminins sont en majorité dilatés.

Rappel :

La ligne droite symbolise le Yang, le masculin, le rétracté.
La ligne courbe symbolise le Yin, le féminin, le dilaté.

En résumé :

Famille des nombres rétractés : 1-4-7 et un peu le 5
Famille des nombres dilatés : 2-3-6-9 et un peu le 8

3

LA CARTE D'INVITATIONS

La partie centrale du thème en numérologie humaniste est occupée par un tableau essentiel que j'ai nommé « Carte d'Invitations ».

Elle t'offre de très belles pistes concernant les 9 domaines de vie, ou secteurs de vie.
Et elle permet, par ailleurs, d'enrichir, et de personnaliser, la symbolique de chaque nombre.
Par ses « modulations », ou « nuances psychologiques », elle aide à obtenir des suggestions et des questionnements beaucoup plus fins et subtils que dans ce qui est appelé de façon classique « Tableau de l'Inclusion ».

Sa fonction, au départ « quantitative » (quantité dans une « case »), s'est vue remplacée par des propositions « qualitatives » beaucoup moins caricaturales ou simplistes.

En effet, nous allons considérer ici au sein de chacun de ces 9 domaines (ou 9 cases) des suggestions sympathiques et personnalisées, afin de mieux gérer chacun de ces domaines ou secteurs d'activité.

C'est-à-dire des pistes pour aborder d'une certaine manière le domaine en question, ou en osant une certaine façon de faire (ou d'être) au cœur de cet environnement particulier.

Aussi, nous mettons en évidence que chacun de nous peut avoir un comportement différent suivant le domaine concerné.
Chacun de nous peu révéler une façon d'être particulière, voire d'exprimer une certaine « personnalité » plutôt qu'une autre, dans chaque « secteur psychologique » considéré.

En un mot, nous pouvons fonctionner, par exemple, d'une certaine

manière dans le domaine du couple, et d'une manière très différente dans le domaine des études, ou du travail !
Chacun de nous a donc une palette de possibilités (ou de comportements) disponibles suivant le contexte, l'âge et l'environnement du moment.
Et donc aussi, à chacun, chacune, d'oser faire ses propres choix, de les assumer. Et de s'améliorer en conscience (ou améliorer sa vie) pour éviter d'avoir bêtement à se plaindre d'une quelconque « adversité » ou « malchance » extérieure. Ce qui ferait alors de nous des « victimes de la vie ou des circonstances ». Une identité peu épanouissante, reconnaissons-le !

Là encore, l'invitation des nombres est d'oser se responsabiliser un peu plus, d'oser grandir ou devenir mature à son rythme. Et ainsi ne plus rester le jouet des évènements extérieurs, ou un pauvre humain ballotté par des vagues émotionnelles, dirigé comme une petite marionnette par on ne sait quel destin (défini par d'autres, ou par un « Dieu extérieur » ?).

Comment monter ce tableau ou « Carte d'invitations » ?

Nous allons utiliser toutes les lettres de notre « Appellation complète de naissance » (la plus ancienne connue, dans le cas où il y aurait eu des changements ou des « adaptations »).
C'est-à-dire notre prénom et tous les autres prénoms lorsqu'il y en a plusieurs, et notre nom de famille.

Chaque lettre correspond à son numéro d'ordre dans l'alphabet. Exceptionnellement ici, à partir du J, lettre n°10, nous effectuerons une réduction numérologique du nombre à deux chiffres en question.

Le nombre lié à chaque lettre sera « comptabilisé » dans le domaine ou la case correspondant à ce nombre.

Ainsi, le D, lettre n° 4 sera comptabilisé dans la Case 4. Chaque lettre quel que soit le nombre avec lequel elle est liée, représentera « une unité » (quantité « un ») dans la case concernée.

Les cases se rempliront donc plus ou moins au fil de cette « opération de comptage ». Sachant qu'une fois cette opération terminée, le chiffre évoquant cette quantité sera considéré comme un messager particulier

(quantitatif) inhérent à cette case.
Un peu comme une « quantité mathématique » qui se transformerait en un « habitant » de ce domaine.
Un sympathique habitant qui aurait diverses propositions ou joyeuses suggestions à nous faire.

Prenons un autre exemple : la lettre L, lettre n° 12, sera réduite à 3 et apportera une « quantité un » dans la Case 3.
La lettre M, lettre n° 13, sera réduite à 4, et nous placerons alors une « quantité un » en Case 4.
La lettre N, lettre n° 14, réduite à 5, apportera une « quantité un » en Case 5, etc.

Certaines cases ne seront dotées d'aucune quantité. Nous considérerons alors que l'habitant est un zéro.
Dit autrement : que ce sont les (beaux) messages du Zéro qui concerneront cette Case ou domaine de vie.

À noter : en aucun cas on ne dira « qu'il n'y a rien », ou qu'il « manque » quelque chose ici.

Nous raisonnons en « qualité », c'est à dire en « message(s) du nombre », et non pas en mathématicien ou en comptable.
Nous sommes en numérologie ! Au cas où vous ne l'auriez pas remarqué…

Exemple de JULIE :

Son appellation complète de naissance est :
Julie, Elodie, Léa, BOLAC

Codons les lettres en nombres :

J=1 (10), U=3 (21), L=3 (12), I=9, E=5

E=5, L=3 (12), O=6 (15), D=4, I=9, E=5

L=3 (12), E=5, A=1

B=2, O=6 (15), L=3 (12), A=1, C=3

Comptabilisons ces chiffres en faisant leur total éventuel dans chacune des cases ou domaine de ce tableau :

Soit 3 lettres à valeur 1, une lettre à valeur 2, 6 lettres à valeur 3, etc.

Ainsi nous obtenons pour l'ensemble des 9 domaines :

1	2	3	4	5	6	7	8	9
3	1	6	1	4	2	0	0	2

Soit :
Les suggestions du nombre 3 dans le Domaine du 1,
Du nombre 1 en Domaine 2
Du nombre 6 en Domaine 3

Et pour écrire plus rapidement…
Du 1 en 4
Du 4 en 5
Du 2 en 6
Du 0 en 7
Du 0 en 8
Et du 2 en Case 9

À quoi correspond chaque Domaine ?

Domaine du 1 : prise de décision. Lancement de projets personnels, Positionnement individuel et capacité à dire de vrais « « non et de vrais « oui », dynamique d'affirmation mentale.
Ce à quoi on pourrait rajouter les souhaits ou projections concernant le Père.

Domaine du 2 : partenariats. Médiation. Écoute et conseil. Réceptivité, intuition, gestion des émotions.
On pourrait rajouter les souhaits ou projections concernant la Mère.

Domaine du 3 : expression de soi. Communication. Ce qui concerne l'Art (plutôt visuel : dessin, photo. Et l'art littéraire). Relations humaines. Look et « image de soi »
On pourrait rajouter la « notion d'Enfant intérieur ».

Domaine du 4 : cadres et structures de vie. Soit : les racines et le cadre familial (rôle et place dans la famille). Le corps physique. Le travail. L'habitat et le monde matériel (meubles, voiture, ordinateurs, smartphone, électroménager etc.).
On pourrait rajouter ce qui a trait aux composantes sociales (concrètes ou matérielles).

Domaine du 5 : énergie et mouvements. Capacités d'adaptation et de mobilité. Recherches. Changements. Liberté de pensée et liberté d'action. Sexualité.
On pourrait rajouter : le partenaire recherché ou « homme en soi ».

Domaine du 6 : amour. Couple. Bien-être et écologie corporelle. Sens du beau et du bon. Plaisir et bonheur sensuel.
On pourrait rajouter : la partenaire recherchée ou « femme en soi ».

Domaine du 7 : savoir et connaissances. Capacité de réflexion ou de méditation. Prise de conscience. Cadres et structures mentales.
On pourrait rajouter : les références et héritages familiaux psychologiques.

Domaine du 8 : stratégie et Pouvoir. Puissance personnelle de réalisation. Statut social. Engagements financiers (professionnels, immobiliers).
On pourrait rajouter : préservation du patrimoine (en particulier familial).

Domaine du 9 : le social. Le collectif. Les groupes. L'ouverture de conscience. L'humanisme. L'humanitaire. Parfois l'étrange ou l'étranger. Le monde de l'inconscient et celui des symboles.
On pourrait rajouter : l'hypersensibilité ou médiumnité (possible).

À noter :
Tu peux te reporter en fin de livre au Tableau en couleurs concernant les 9 Domaines (ou Cases) de l'Inclusion de base

Les habitants, ou porteurs de messages, dans les domaines.

Les nombres comptabilisés à partir du codage des lettres nous offrent leurs diverses propositions ou « aide à mieux gérer » chacun des 9 Domaines de vie.

Aussi nous aurons à combiner et associer dans chaque Case le « Comment » suggéré par l'habitant avec le « Dans quoi » offert par le domaine en question.

Voici quelques pistes résumées concernant les invitations à libre-disposition des divers habitants possibles :

Habitant 0 : il nous invite à trouver le juste milieu dans le Domaine concerné. À sortir d'un fonctionnement en « Tout ou rien » (ou plutôt « Rien puis trop »). Et à gérer de manière consciente et mature de puissantes énergies offertes par la vie dans ce cadre-là. Parfois il suggère de mettre en lumière ce qui a pu longtemps être caché, ou occulté (secrets, non-dits, etc.).

Habitant 1 : il nous invite à gérer le domaine en question de manière autonome. À oser innover en la matière. En mettant en œuvre dynamisme et engagement personnel (en prenant la « direction des opérations »).

Habitant 2 : il nous invite à nous comporter dans le domaine en question de façon sensible et nuancée, de manière souple et adaptable. En toute réceptivité, accueil et écoute. Une belle ouverture à divers partenariats.

Habitant 3 : il nous invite à aborder le domaine de manière créative, enjouée, communicative et animée. En prêtant attention à notre image personnelle, notre look. Et en s'occupant de notre besoin de reconnaissance légitime.

Habitant 4 : il nous invite à gérer le domaine de façon structurée, concrète et solide. En gardant bien les « pieds sur terre », soucieux des règles (et certaines limites) de ce domaine. Avec le souci de respecter les normes et traditions de ce cadre-là. Un comportement sérieux, fiable et efficace est conseillé ici (histoire de rester « bien réglo »).

Habitant 5 : il nous invite à aborder le domaine de manière mobile, avec une capacité d'adaptation mentale. En s'entraînant à confronter tout changement rapide ou « évènement surprise ». Ces renouvellements souvent nécessaires. En apprenant à mobiliser rapidement une belle énergie physique à disposition. C'est-à-dire à oser prendre certains risques… et à surprendre l'adversaire ? (ou l'adversité).

Habitant 6 : il nous invite à nous comporter dans le domaine en question de manière tranquille, paisible (riche en « lâcher-prise ») et surtout avec confiance et amour (ou confiance en l'amour). En osant sensualité, douceur, tendresse… et harmonie. Avec un zeste de romantisme ? Ou de beaux gestes de calinothérapie ? Sans oublier les beaux messages des massages en tous genres…

Habitant 7 : il nous invite à aborder les choses de façon sérieuse et réfléchie. En respectant structures mentales et traditions intellectuelles dans le domaine en question. Avec le souci de choisir des enseignements propices à nos prises de conscience, ou à l'enrichissement de nos connaissances (livres, références).
Et parfois en enseignant d'une manière ou d'une autre à partir d'acquis personnels. Sans oublier de s'offrir des moments d'introspection, ou mieux de méditation… et des instants de « pleine conscience » ?

Habitant 8 : il nous invite à gérer le domaine de façon magistrale, puissante et stratégique. En osant un engagement fort et passionné. Et donc en s'offrant un pouvoir de réalisation digne ce nom. Courage et persévérance sont ici à l'honneur (pour gagner certains « honneurs » ?). Sans oublier de réveiller ou mettre en œuvre le bâtisseur ou la bâtisseuse qui sommeille en nous… Une belle énergie reste à disposition !

Habitant 9 : il nous invite à aborder le domaine avec la plus grande intuition disponible. Avec le souci de « jouer collectif » ou en s'engageant dans des groupes ou des actions sociales. Sans oublier de développer un travail sur l'inconscient ou capacité à décoder les symboles. En tout cas humanisme et générosité sont suggérés par cet habitant, porteur d'éveil et d'élargissement de conscience (ouverture de conscience).

Remarque : nous pouvons avoir affaire à des habitants « à deux chiffres », tels que 10, 11/2, 12, 13, 14, etc…
Il m'est arrivé de rencontrer dans un thème féminin un nombre 21 dans le domaine du 5. À mettre dans les annales ?
Comme d'habitude seul l'entretien direct avec la personne concernée peut nous aider à adapter l'interprétation, à affiner les propositions… et à accueillir son beau et honnête témoignage (qui peut prendre des formes parfois « contradictoires », la nature humaine est ainsi !).

Je vous offre quelques pistes concernant ces « habitants à deux chiffres » :

Habitant 10 : invitation dans le domaine à oser renouveler les choses, à redémarrer ou repartir de manière autonome et originale.
En devenant le (ou la) chef d'un petit groupe. Sans oublier de se positionner de façon mobile et surprenante.

Habitant 11/2 : invitation à réveiller son propre charisme dans le domaine concerné. Sans hésiter à reconsidérer ses passions. Et en osant nettoyer ou remettre à jour son propre « ciel intérieur » (médiumnique ?). Effectuer un certain travail sur ses émotions et clarification de la relation à la mère...

Habitant 12 : invitation dans le domaine à regarder autrement toute situation, à reconsidérer régulièrement les tenants et aboutissants (pour retourner les évènements à son propre avantage ?). Oser ici explorer la face cachée des choses et renouer avec sa « vraie nature » au-delà d'un look souvent imposé. Tenir compte de ses rêves les plus fous et nourrir ses beaux élans de créativité et d'expression intuitive.

Habitant 13 : invitation dans le domaine à apprendre à se régénérer régulièrement et généralement oser « renaître à soi-même ».
Un travail sur les « déracinements » est parfois suggéré ici.
Ainsi qu'un certain travail sur le deuil, et par ailleurs le pardon. Tenter les « rituels de passage », et tout ce qui concerne la relation au père et à l'autorité (lignée des hommes).

Habitant 14 : invitation dans le domaine à restructurer régulièrement les choses et les méthodes. Oser rebâtir ou reconstruire ce qui se révèle « défaillant ». Tenter certains « retours aux sources, histoire de retrouver et clarifier ses propres racines. Remettre en place certains process et repartir sur de nouvelles bases, en se libérant des « dogmes scientifiques du passé ». Sans oublier un certain travail sur les peurs et les culpabilités.

Habitant 15 : invitation à rééquilibrer les choses dans le domaine concerné, à rénover, à ré-énergétiser. En osant de nouveaux comportements et en se libérant de certains attachements corporels et affectifs. Expérimenter la « relaxation au sein de la tension ». Tenter les sauts vers l'inconnu et les vraies aventures.
Réanimer les sources du cœur et donner de l'air aux possibles du corps...

À noter :
C'est essentiellement dans le Domaine du 5 (Case 5) qu'on pourra trouver des habitants à deux chiffres. Cela vient, entre autres, de la fréquence des lettres E et N en français.

Cela interpelle sur une forte « mentalisation » possible et habituelle chez la personne en question, en particulier chez une femme (le 5 est un nombre Yang-masculin).
En tout cas, il lui est suggéré, d'une manière générale pour tous ces habitants à deux chiffres, de poser un peu la tête (et son « petit vélo dans la tête »). Et oser relaxation, prise de terre, sensations corporelles (massages, exercices dans l'eau chaude, aération de la tête, etc.)

L'interprétation de la Carte d'invitations

Pour formuler les pistes offertes par cette Carte d'invitations, il va nous falloir mettre en relation les mots-clés concernant chaque habitant avec ceux du Domaine concerné.

C'est-à-dire proposer au, ou à la, « titulaire du thème » des invitations ou suggestions correspondant à ce que j'ai appelé le « Comment », « dans Quoi ».

Rappelons, encore un fois que, comme pour tout le Thème, en numérologie humaniste, ce ne seront que des pistes offertes, des suggestions à proposer, des conseils mis à la disposition de la personne pour se questionner, se remettre en question et avancer dans sa vie (remettre de l'ordre, harmoniser ses contradictions, pacifier son monde intérieur) et trouver ou retrouver son équilibre, sa joie de vie, sa paix intérieure. Tout cela, modestement, il n'y a pas de « méthode miracle » et nous ne sommes pas ici en Psycho-thérapie (sauf parfois inviter à un petit ou grand cheminement en Psycho-thérapie avec un bon professionnel).

Aussi les propositions qu'il est possible de faire avec cette Carte d'invitations (élément essentiel du thème) sont à formuler uniquement en entretien, directement à la personne concernée (et bien sûr, il va de soi, pas à une tierce personne !).

J'insiste sur l'importance de l'entretien qui permet au Numérologue d'adapter ses interprétations et propos à son consultant ou demandeur du thème.

C'est un dialogue, par définition à deux ! Nous choisirons certaines propositions plutôt que d'autres pour mieux nous adapter à la « situation du moment »... Ce que nous ne pourrons, bien sûr, pas faire ici dans cet « exemple fictif » et pédagogique.

Comme dirait le sage : « On ne balance pas n'importe quoi à n'importe qui ». Nous ne sommes pas là pour figer les choses dans des déterminations illusoires et dangereuses. Nous ne sommes pas là pour faire des cours de morale. Nous ne sommes pas là pour chercher à influencer l'autre ou exercer un quelconque « pouvoir » sur lui ou elle.
Ce serait alors une manipulation, voire une sorte d'agression (voire de « viol de conscience ») peu propice à une « relation d'aide » ou un « coaching » digne de ce nom ! Un peu de respect de l'autre, un peu d'humanisme, que diable !

Pour l'exemple de Julie :

Il nous reste maintenant à faire nos petits assemblages (mieux que dans le champagne ?) case par case dans un premier temps.

Domaine du 1. Habitant 3.

- Mots-clés du Domaine 1 : prise de décision. Projets. Positionnement. Dynamique personnelle. « Direction des opérations » etc.
- Mots-clés de l'Habitant 3 : créativité. Communication. Esthétique. Reconnaissance personnelle (entre autres...).

Prenons les premiers éléments, pour formuler le premier « Comment, dans quoi ». Soit : Comment ? Réponse : « avec créativité ». Dans quoi ? Réponse : Dans le Domaine de la « Prise de décision ».
Nous invitons ici Julie lorsqu'elle a une décision plus ou moins importante à effectuer à avoir un comportement créatif. À le faire en toute créativité.

On aurait pu aussi, en utilisant le 2e mot-clé formuler : « Pour lancer un projet, n'oubliez pas de bien communiquer (importance de votre pub). Ici « Communication » va s'allier avec « Projets ».

On aurait pu aussi inviter concernant la direction de diverses opérations de ne pas oublier de s'autoriser ou favoriser une certaine « Reconnaissance personnelle » (mot-clé habitant).

Avec chaque fois : le souci de s'adapter à la situation (et à la demande) de la personne en question.

Domaine 2. Habitant 1.

- Mots-clés du Domaine 2 : partenariats. Écoute et conseils. Intuition. Émotions.
- Mots-clés de l'Habitant 1 : autonomie. Innovation. Dynamisme. Leadership, etc.

Là aussi, prenons par exemple les premiers mots-clés pour formuler nos invitations. Soit : « avec autonomie », dans le domaine des partenariats. Formulé autrement nous pouvons proposer à Julie de prendre les initiatives dans ses alliances ou associations.

On aurait pu dire, en utilisant d'autres mots-clés : « Vous êtes invité(e) à utiliser votre belle dynamique personnelle pour mettre en œuvre de belles actions de conseil. »

On aurait pu aussi formuler « Il vous est proposé d'oser réveiller votre intuition par votre dynamisme ou votre passion. » (soit d'écouter, en premier, sans trop mentaliser les beaux messages que vous offre votre intuition).
On aurait pu aussi l'inviter à devenir et rester le « patron » (leadership) en ce qui concerne le monde de ses émotions…

À noter : à chaque fois, comme nous sommes en entretien, il lui appartiendra de témoigner, de dire, de formuler si ces invitations ou propositions lui suggèrent vraiment quelque chose.

Si cela l'amène ou non à un questionnement. Si cela lui donne envie d'améliorer les choses… en suivant ces conseils à libre-disposition. On n'aura pas perdu son temps !

Ainsi nous sommes amené, au fil de l'entretien, à modifier ce que peut-être on aurait « prévu » de dire, ou qu'on aurait envie d'exprimer, en fonction de nos petites habitudes d'interprétations, ou en fonction de nos « critères propres » (à remettre parfois et même souvent en question). Des critères pas toujours adaptés à l'autre !

Domaine 3. Habitant 6.

- Mots-clés du Domaine 3 : expression et image de soi. Communication. L'Art. Relations humaines.
- Mots-clés de l'Habitant 6 : amour. Tendresse. Recherche d'harmonie. Lâcher-prise. Tranquillité. Confiance.

Associons ensemble certains de ces mots-clés.
Par exemple : « Recherche d'harmonie » dans le Domaine de la « communication ».
On pourrait aussi formuler : « Confiance » dans le Domaine des « Relations humaines ». Ou aussi : « oser l'Amour » de « l'Art » (témoigner son amour par l'art ou de façon artistique).

On aurait pu dire en utilisant ces mots-clés : « Vous êtes invité à mettre de la douceur dans votre mode de communication ».
Ou bien : « Il vous est ici suggéré de vous faire confiance dans votre recherche d'harmonie relationnelle ». Ou bien encore : « Osez développer votre art d'aimer avec tact, finesse, et en écoutant vraiment votre cœur », etc.

Domaine 4. Habitant 1.

- Mots-clés du Domaine : le travail. Les concrétisations. Relation au corps physique. Les cadres et structures de vie (Maison, Famille, Argent, etc.)
- Mots-clés de l'Habitant 1 : autonomie. Innovation. Dynamisme. Leadership, etc.

Associons les mots-clés.
Par exemple : « Autonomie » dans le domaine du « Travail » (travail indépendant, position de chef ou de leader).
On pourrait aussi inviter à « l'innovation » dans votre manière de « faire, de concrétiser ». Ou encore : « Dynamisme » (et rapidité) lorsqu'il s'agit de

décisions liées à la « Gestion financière (à l'Argent) ».

On aurait pu dire en utilisant ces mots-clés : « Il vous est suggéré de prendre la direction des opérations en matière d'engagement professionnel ou matériel. C'est-à-dire d'oser tenir la barre seul(e)
… contre vents et marées ?
Ou bien : « Osez foncer, ou monter au créneau, dans vos projets de construction, ou autre chantier concret de votre vie ».

Domaine 5. Habitant 4.

- Mots-clés du Domaine 5 : énergie. Mouvements. Changements. Recherches mentales. Liberté. Sexualité.
- Mots-clés de l'Habitant 4 : gestion concrète. Avoir les « pieds sur terre ». Normes, traditions et sécurité. Avec sérieux et efficacité (fiabilité demandée).

Associons les mots-clés :
Par exemple : « Oser sérieusement » avec divers « Changements ».
On pourrait aussi inviter à « Rester efficace (et organisé) dans ses « Recherches mentales ».
Ou encore : « Respecter son besoin de sécurité en matière de sexualité » (et confronter ses propres peurs ?).

On aurait aussi pu lui dire :
« Gardez les pieds sur terre dans votre désir de révolutionner les choses autour de vous ».
Ou bien : « Osez traverser vos peurs de vous engager hors des sentiers battus ».

Mais encore : « Préparer un voyage avec minutie et sens du budget, ne vous oblige pas à vous perde dans des détails ou à trop lentement boucler vos bagages ».
Allez ! Un peu d'aventure, ça peut se tenter…

À noter : la Case 5 étant elle de « l'homme recherché » (ou « homme en soi) semble inviter ici avec un habitant 4, à s'orienter vers un homme sécurisant, physiquement ou financièrement. Et peut-être avec un mode de fonctionnement plutôt traditionnel ou « classique »…

Domaine 6. Habitant 2.

- Mots-clés du Domaine 6 : amour. Couple. Bien-être. Écologie personnelle. Le beau. Plaisir et sensualité.
- Mots-clés de l'Habitant 2 : adaptation. Sens de la nuance. Douceur. Sensibilité. Disponibilité et ouverture à l'autre. Accueil. Écoute.

Associons les mots-clés.
Par exemple : « Écoute » avec « Couple », ou « Sens de la nuance » avec « Beauté ». On pourrait aussi inviter à rester « doux » (ou « cool ») en « amour ». Ou encore : « Sensibilité » dans le domaine de « l'écologie corporelle », etc...

On pourrait aussi lui dire :
« Osez une certaine ouverture et disponibilité dans le domaine du plaisir ».
Ou bien : « N'oubliez pas d'accueillir le bien-être dans votre vie ».
Ou encore : « Osez rester ouvert(e) ou disponible à l'autre », etc.

À noter : la Case 6 étant celle de « la femme recherchée » (ou « femme en soi) semble inviter ici avec un habitant 2, à s'orienter vers une femme sensible et douce, peu avare en amour, sensuelle et bon vivante. Et probablement dotée d'une belle intuition...

Domaine 7. Habitant 0.

- Mots-clés du Domaine 7 : savoirs. Connaissances. Réflexion. Méditation. Prises de conscience. Cadres et structures mentales. Livres. Psychologie. Héritages psychologiques.
- Mots-clés de l'Habitant 0 : trouver le juste milieu dans le « rien ou peu, puis trop ». De grandes possibilités personnelles en la matière. Apprendre à « dompter le beau cheval sauvage dans la tête » ?
Parfois côté psycho-généalogie : des secrets familiaux ou non-dits importants à dévoiler.

Recommandations générales.
Par exemple : « Ne pas rester trop rigide ou figé dans ses propres options mentales ».
On pourrait aussi inviter à développer ses belles capacités intellectuelles parfois peu utilisées (liées à des enseignements, des livres, etc.).

On pourrait aussi l'inviter à ne pas négliger de réels dons de psychologie. Et de belles capacités d'étude (même si un certain nombre de femmes, dans ce cas, n'ont pas pu faire les études qu'elles auraient souhaité. Et se « rattrapent » souvent à la quarantaine, voire plus tard).

On pourrait aussi lui suggérer de « creuser un peu » côté familial et de ce qui a pu être « caché » à leurs yeux.
Peut-être aussi évoquer que « Prise de conscience » ne veut pas dire suivre le premier maître ou gourou (ou curé ?) venu…

Domaine 8. Habitant 0.

- Mots-clés du Domaine 8 : stratégie. Pouvoir de se réaliser. Finances. Statut social. Préservation des acquis. Sens de la justice.
- Mots-clés de l'Habitant 0 : comme dans le Domaine précédent, oser équilibrer les choses, se méfier des décisions trop hâtives ou calmer un peu le jeu dans certains engagements importants ou risqués.
Dompter le « tigre dans le moteur ». Ne pas juger trop vite ou trop durement. Un peu de tolérance ou de souplesse est ici requise.

On pourrait lui suggérer aussi de faire confiance en ses capacités de « bâtisseur » ou de « bâtisseuse ». L'encourager à donner les moyens à son « héros ou héroïne intérieur » de réaliser de beaux exploits.

Toujours en se méfiant de tous les excès, ou par ailleurs de tous les interdits à la réussite ou au vrai pouvoir sur sa propre vie.

De sacrés défis en perspective, dont il reste à s'occuper vraiment pour une meilleure maîtrise de ce que certains appellent le « destin ». « Chevaliers ou « Chevalières » : bienvenus au club des beaux réalisateurs ou stratèges de la vie !

Domaine 9. Habitant 2.

- Mots-clés du Domaine 9 : le Social. Le Collectif. Les groupes. Ouverture de conscience. Humanisme. Humanitaire. Monde de l'étrange ou étranger. L'Inconscient. Décodages des symboles.
Une certaine médiumnité (accentuée dans ce cas-ci)
- Mots-clés de l'Habitant 2 : comme dans le cas du Domaine 6 : Adaptation.

Sens de la nuance. Douceur. Sensibilité. Disponibilité et ouverture à l'autre. Accueil. Écoute.

Associons les mots-clés.
Par exemple : « Sensibilité » et « Humanisme », ou « Ouverture à l'autre » et « étrange ou étranger ».

On pourrait aussi inviter à « écouter » sa belle et grande « intuition ».
À rester disponible aux divers messages de son inconscient.

On pourrait aussi lui dire : « Ne négligez pas votre belle capacité d'adaptation aux groupes et aux tendances collectives diverses ».
Ou bien : « Osez une plus large (panoramique ?) ouverture de conscience au service de vous-même et du collectif ».
« N'hésitez pas à investir votre sensibilité, et votre finesse intérieure, dans un engagement social) ».

À noter : d'une manière générale, la personne est invitée ici à faire du neuf ou du rangement dans son monde riche, mais parfois un peu « en désordre » ou « mouvementé » de son inconscient…
Et bon courage à Julie… Si elle existait !

À noter : j'ai largement développé ce chapitre concernant l'Inclusion ou Carte d'invitations dans plusieurs de mes livres.
Dans *La Numérologie humaniste* (188 pages), *Numérologie et mieux-être* (113 pages), « Trouvez les nombres de votre vie » (48 pages), « Entrez dans l'univers de la numérologie humaniste » (76 pages). Soit plus de 430 pages !

L'INCLUSION DE BASE

Des pistes pour se libérer...

au-delà des **culpabilités, des peurs et des doutes.**
au-delà des **"Lots d'attentes parentales"**
des **"Shémas de pensées parentaux et environnementaux"**
des **"Programmations comportementales"**
et des **"Systèmes de croyance"** à notre sujet et concernant notre vie.

Se libérer

Dans le domaine du 1:
des freins à l'autonomie, au positionnement personnel et à la souveraineté intérieure

Dans le domaine du 2:
de la soumission à l'autorité
de la dépendance dans les partenariats
...et tout ce qui musèle l'intuition

Dans le domaine du 3:
de la dépendance du regard de l'autre
et du besoin de reconnaissance

Dans le domaine du 4:
des habitudes familiales limitatives
des peurs et dévalorisations héréditaires
Et tout ce qui empêche de trouver sa "vraie place"

Dans le domaine du 5:
de la dispersion mentale
de ce qui piège et limite la sexualité
Et tout ce qui baillonne liberté de penser, liberté de mouvement et de changement

Dans le domaine du 6:
de la possessivité affective et de la jalousie
de la "fusion amoureuse limitative"
de 'l'amour-réparation",et de vouloir plaire à tout prix (sans se respecter)

Dans le domaine du 7:
du poids des enseignements dépassés
des schémas de pensée limitatifs
et des conditionnements mentaux

Dans le domaine du 8:
des pièges du pouvoir et de l'argent
de ce qui limite la capacité de se réaliser
et affaiblit la puissance intérieure

Dans le domaine du 9:
des manipulations collectives
des travers du "soi-niant" qui fait "l'éponge"
et des pièges de l'inconscient

Autre exemple d'interprétation de la carte d'invitations

Envisageons maintenant l'exemple d'Alain.

Prenons pour base, comme toujours, son appellation complète de naissance (officielle) la plus ancienne connue.

Nous codons en un nombre chaque lettre de cette appellation.
Soit, pour lui :

A	L	A	I	N		P	A	U	L		A	N	D	R	É		C	H	A	R	P	E	N	T	I	E	R
1	3	1	9	5		7	1	3	3		1	5	4	9	5		3	8	1	9	7	5	5	2	9	5	9

Regroupons les lettres à valeur 1 dans la Case un, les lettres à valeur 2 dans la Case 2, les lettres à valeur 3 en Case 3, etc.
Chacune de ces « quantités » devient alors une « qualité », un « habitant » qui va nous faire ses propositions et autres suggestions.

Sa Carte d'invitations se présente alors ainsi :

1	2	3	4	5	6	7	8	9
5	1	4	1	6	0	2	1	5

Remarque importante :
Avant de vous proposer des pistes, questionnements ou hypothèses, je voudrais rappeler quelques fondamentaux en numérologie humaniste.

Une fois ce tableau rempli, comme d'ailleurs tout le reste du thème, je t'invite à rester conscient du fait que tout ce qui peut être découvert, interprété ou « analysé », ne reste qu'hypothèses ou questionnements offerts à la personne concernée.
Il serait péremptoire ou illusoire de considérer les pistes issues de l'interprétation des nombres (ou leurs « révélations ») comme des vérités, voire comme des diagnostics (toujours aliénants ou enfermants).

En effet, tout ce que le numérologue peut formuler au départ ne sont que des invitations, des suggestions de base. Il lui reste surtout à adapter ses

propositions à la personne concernée. Ici à Alain.
Car, comment « savoir » à l'avance où il en est tant qu'il n'a pas ouvert la bouche ?
Comment estimer son « niveau de conscience » alors qu'il n'a pas encore pu parler ou témoigner de son vécu et de son « expérience de vie » ?

Ainsi, le thème ne prend forme ou n'existe, que lorsque l'entretien a commencé. Pas avant ! C'est au fil de l'entretien qu'il est alors possible d'affiner, de compléter, d'enrichir ces hypothèses de départ, ou ces questionnements de base. Cela à partir de ses réactions, de ses commentaires, de ses propres questions.

Rappelons que les nombres (et la numérologie en général) ne déterminent rien… Sauf si le numérologue, inconscient ou gentil manipulateur, se prend un peu pour Dieu. Et croit qu'il a la « Science infuse » ! Alors, méfiez-vous de lui ou d'elle… Sauf si vous êtes friands d'injonctions toxiques ou polluantes ou de manipulation mentale ordinaire !

Le but recherché, ou option essentielle, en numérologie humaniste n'est pas de distribuer des injonctions, ordonnances ou étiquetages tous faits, mais plutôt et surtout d'aider l'autre à y voir plus clair dans sa vie, à mieux faire ses propres choix, à se poser les bonnes questions.

Et finalement, lui donner envie d'avancer, de changer, de s'améliorer, etc. De manière à oser voir les choses autrement, de reconsidérer certaines de ses croyances périmées ou sources d'auto-sabotage. Pour apprendre à mieux se voir en peinture, s'accepter mieux, se faire confiance, et ainsi mieux s'aimer vraiment.

Lorsqu'en fin de chaque entretien il ou elle témoigne : « Bon sang, mais c'est bien sûr ! » ou « merci beaucoup pour cette ou ces « confirmations », etc. Je considère alors qu'on a fait un pas en avant, qu'on n'a pas perdu son temps. Et qu'on « a fait du bon boulot » !

Résumé des propositions possibles, cases par case, qu'il est possible de formuler à Alain (au fil de l'entretien).

Quelques remarques préliminaires :
Nous pouvons noter que le nombre 1 n'apparaît pas dans le Domaine du

1 (sa « Case originelle »), mais chez le Domaine voisin. Ainsi d'ailleurs que dans le Domaine du 4 et celui du 8.

De même le nombre 4 est présent dans le Domaine du 3, juste à côté de sa « Case d'origine ». Aurait-il peu de chemin à faire pour revenir chez lui ?

Encore la même chose pour le nombre 6 qui est présent dans la Case précédente (et nulle part ailleurs).
Aurait-il quitté sa Case d'origine pour aller squatter chez le voisin ? Comme il est parfois mentionné dans les vieilles maisons bourgeoises « La concierge est dans l'escalier ». Elle paraît « absente », mais elle est juste à côté !

Ainsi le zéro qui invite à creuser les choses, à dompter de puissants possibles, à oser gérer tous ces beaux cadeaux à disposition nous montre aussi (suivez la flèche ?) qu'un des moyens pour trouver cet équilibre peut passer par les expériences de la Case 5. Il paraît que « les voyages forment la jeunesse ».
Ici le voyage se révèle être un petit tour du quartier. Facile à effectuer ?

Son Domaine 1 avec Habitant 5 :

Il est suggéré à Alain de prendre le risque d'une forme de « dispersion » dans sa manière de s'engager dans ses décisions. C'est-à-dire oser une certaine multiplicité, agrémentée de changements brusques, parfois surprenants (pour son entourage).

Peut-être avec le conseil de ne pas tourner en rond avec ces diverses options, en évitant de rester un peu « hors sol », ou dans des « y a qu'à » plutôt stériles.
Par contre il est invité à ne pas négliger ses belles capacités d'opportunisme, au sens noble du terme, c'est-à-dire le don de saisir l'occasion grâce à une conscience en éveil. Ce qui permet d'être prêt à l'aventure et apte à sentir le vent des « belles surprises ».
En un mot : lorsque la vie tend la main, savoir la saisir sans attendre. Cela donne de l'énergie pour avancer dans des découvertes bienvenues…

Tenter l'aventure OK ! Mais en évitant une sorte de course en avant qui « brasserait trop d'air » et induirait alors peu de résultats.

Une belle « pile électrique » serait-elle à disposition ici ? On peut légitiment se poser la question (la poser à lui). Et, en tout cas l'encourager à oser de belles expériences (sans trop d'a priori), de tenter de joyeux « slaloms spéciaux » au cœur de sa façon de faire ses choix ou d'engager ses propres projets. Tout cela avec souplesse, mobilité et réactivité positive.
Est-on face à un habitant fort cinq-pathique ?

Son Domaine 2 avec Habitant 1 :

Pour Alain, dans ce Domaine, la configuration est la même que dans celle du Domaine 2 de Julie.
Cependant les propositions peuvent être légèrement différentes : C'est ici le cas d'un homme, imaginons-le plus âgé, avec une expérience de vie différente, une famille différente, une profession différente, etc. Et aussi avec une Case précédente encore différente.

Osons donc des suggestions ou des questionnements peut-être un peu identique, mais d'autres plus appropriés à son vécu propre.

Alain est ici invité, dans ses associations ou partenariats à oser prendre la direction des opérations, à tenter un certain leadership.

Comment peut-il arriver à concilier et à harmoniser les impératifs de sa tête (Yang) avec les nécessités du monde de ses émotions et de son ventre (Yin) ? C'est en tout cas une des question qu'on peut lui poser.
Il lui est suggéré ici de ne pas oublier d'écouter les petites et grandes marées de son monde intérieur sensible.

Il est invité à bien se tenir debout, à la barre de son propre navire, au cœur de ses tempêtes intérieures. Histoire d'éviter trop de « vague à l'âme » et certaines « lames de fond », par exemple.

C'est-à-dire peut-être oser la solitude du skipper de fond tout au long de son « tour du monde en solitaire »…

Il est possible d'imaginer un petit clin d'œil à son père (symbolique1).
A-t-il tendance à se comporter comme lui en matière de rencontre et d'expression de ses émotions profondes ?
Au final : comment apprendre à se tenir « debout » avec les pieds dans la

boue ou dans la vase de « marais pas marrants » ?
Comment avancer au sein du « marécage de ses émotions » (refoulées ou non) au cœur de ce domaine si sensible, voire vulnérable ?

Tout un programme ! Et en montant sur le pont, à l'assaut des incertitudes, ou des aléas de ses émois divers…

Son Domaine 3 avec Habitant 4 :

Il est proposé ici à Alain de bien structurer son expression personnelle, de bien organiser ses « interventions, ou de bien préparer ses éventuels discours (ce qu'il fait peut-être déjà très bien).

Il lui est conseillé d'apprendre à bien peser ses mots, pour ainsi sécuriser l'essentiel de ce qu'il a à dire et communiquer de façon plus juste et plus efficace.

Le 4, ici, invite à un certain sérieux, à développer ce sens de la « mise en scène » (ou mise en page) qui rend audible et crédible aux yeux et aux oreilles des autres.

Avec art, oui ! Mais sans négliger un minimum de sens pratique, et en tenant compte des contingences (ou contraintes) économiques et financières.

Avec ce 4 comme habitant, Alain est invité à respecter certaines traditions (familiales, entre autres) dans sa manière de peaufiner un look plutôt qu'un autre, ou dans sa manière de communiquer, voire de créer. Juste éviter de rester dans une « droiture » qui pourrait friser la « rigidité »…
Il lui est conseillé de s'appuyer sur de l'ancien, sur du solide, pour mettre en forme une créativité digne de ce nom.
Allez ! Un petit zeste de folie peut agrémenter de beaux gestes !

L'habitant 4 en Case 3 évoque un travail lié à l'Art en général, à la pub en particulier.
Il invite à un engagement dans le domaine de la communication en général, de la musique, le chant, en passant par la photo et même l'écriture. Toutes ces diverses activités sont ici les bienvenues, pour peu qu'elles dessinent un ensemble solide et cohérant (et non pas co-errant !)

C'est, en tout cas avec conscience du détail et souci du travail bien fait et dans le respect des règles, qu'il lui est proposé d'aborder ses aventures artistiques ou relationnelles… sachant que dans le domaine du 1 il lui est suggéré un fonctionnement très différent, moins classique, plus libre, et beaucoup plus prompt à l'aventure et ouvert aux surprises !
Comme quoi, il est possible de se comporter de manière parfois très différente d'un Domaine à l'autre. L'un pouvant éventuellement compléter l'autre. Une invitation, comme dirait ma grand-mère « à faire la mayonnaise » !

Petite remarque en passant : concernant les professions possibles ici, ne pas oublier celle de « charpentier », ce qui, comme par hasard,
se trouve être son nom de famille…

Son Domaine 4 avec Habitant 1 :
(même chose que dans le cas de Julie…)

Il est proposé ici à Alain de fonctionner de manière autonome. C'est-à-dire de s'orienter vers une pratique professionnelle in-dépendante, ou dans un rôle de chef, de chef de file ou « d'éclaireur ».

Il lui est suggéré d'avancer seul sur ses chantiers personnels ou en gardant une certaine direction des opérations. En se fiant donc surtout à lui-même, à ses observations, ses acquis, ses expériences propres.

Peut-être peut-il choisir, consciemment ou inconsciemment, un secteur d'activité qui rappelle celui exercé par son père (sans pour cela lui être « imposé ou « légué » par ce père).
Dans sa manière de concrétiser les choses, d'une manière générale, il lui est conseillé de progresser « en ligne droite », et avec droiture, force, résistance et dynamisme.

Foncer… et se faire confiance. Démarrer, sans oublier sa boîte à outils et sa trousse d'urgence et de sécurité, peuvent faire partie d'une panoplie possible à se procurer et à respecter ici.
Ce qui ne veut pas dire « tête baissée » ou de façon têtue ou par trop inflexible… Juste ne pas traîner, ou ne pas hésiter à monter au créneau quand cela s'avère nécessaire.

Il est suggéré ici à Alain d'oser cette exigence personnelle et intérieure à qui permet de belles et rapides réussites.
Oser se lancer, sans trop d'hésitations limitatives, et faire confiance à ses beaux élans qui poussent souvent à se dépasser… et à avancer plus vite que son (n)ombre !
Ce qui permet alors d'entreprendre des choses qui, a priori, semblent impossibles !

Je me rappelle toujours ce fameux dicton : « Il ne savait pas que la chose était impossible, alors il l'a faite »…

Allez ! Que la passion l'emporte et que ses élans le guide vers ce qui aide à innover, à faire la trace, à démarrer le « quatrain » (QUATRE-trains, ou quatre-UN, soit 1 en case 4 ?).

Son Domaine 5 avec Habitant 6 :

Dans ce Domaine Yang-Masculin vient se nicher ici un habitant Yin-Féminin très différent dans sa symbolique.
Cela invite Alain à oser certaines qualités féminines dans un décor largement masculin. Ou comment développer douceur, sensibilité, tendresse… voire « calinothérapie » dans un univers ou domaine mental, en tension, lieu de la recherche de performances physiques et de combats intellectuels.

Au sein du changement et de la diversité, il est invité à « poser la tête » (le « petit vélo dans la tête »), d'apprendre à faire confiance avec détente et lâcher-prise.
Des qualités à mettre en œuvre en écoutant beaucoup plus son cœur (et son ventre) que sa tête.

Il lui est suggéré de tenter une belle aventure intérieure plutôt qu'une excitation extérieure. Non pas une pratique sportive intense et en recherche de performances (quitte à « casser du bois » côté corps physique), mais plutôt une pratique « cool », sensuelle, gourmande… et amoureuse.

En un mot une pratique vécue dans le plaisir de se faire du bien plutôt que satisfaire la tête, en se gonflant l'ego, et en martyrisant le corps.
Du plaisir lié à la « qualité », et non pas à la quantité ou performance chronométrable, mesurable, quantifiable…

Il lui est suggéré aussi d'oser parfois sortir de son cocon douillet pour aller respirer un peu le Grand air, découvrir de nouveaux horizons et confronter le vent du large.

Rappelons que le nombre 6 évoque l'eau. En particulier l'eau douce et tranquille d'un beau lac (Bolac aurait pu être son nom de famille comme c'est le cas pour Julie…).

Aussi de bons bains (chauds de préférence ?) peuvent lui être conseillés pour faire baisser la pression intérieure, ainsi que des visites régulières à sa piscine ou à la piscine municipale.

Cependant rien ne l'oblige à « vivre d'amour et d'eau fraîche »… Sauf s'il a envie de tenter cette écologie extrême ! Peut-être un « naturisme aquatique » lui offrira de bonnes sensations et plaisirs d'une authentique beauté naturelle ?

En fait : comment vivre pleinement ce côté « sentimental » et doux quand on aurait plutôt l'habitude masculine de jouer les fiers guerriers (ou cavaliers) suggérée dans sa Case ou Domaine du 1…

Ou comment adapter ou harmoniser les propositions féminines ici de lâcher-prise et de quiétude du 6 avec les tensions et options « volontaristes » et mentales du 5 ?
C'est tout un programme, à mettre en œuvre avec cœur, raffinement et gourmandise, n'est-ce pas ?
Tout un « 6-thème » à laisser germer, grandir… et s'épanouir !

Son Domaine 6 avec Habitant 0 :

À noter, c'est le seul habitant zéro de sa Carte d'invitations. Ce qui lui confère une force particulière (une « concentration énergétique forte »). Rappelons au passage que le 6 est déjà apparu dans la Case précédente, ou voisine, comme nous l'avions mentionné en ce début d'exemple (avec cette histoire de « concierge absente », mais présente pas si loin que cela).

Il est donc proposé à Alain de « confronter » les propositions du 6, de mettre en œuvre les conseils du 6, non directement dans le domaine « officiel » du 6 mais de « se faire la main » dans le voisin (censé d'ailleurs le précéder).

Aussi, lorsque le travail aura été suffisamment effectué précédemment, il pourra plus facilement (osons cette hypothèse) confronter les défis, exigences ou invitations intenses de ce Domaine du Six.
C'est-à-dire éviter, en amour, le « rien puis trop » et développer cette capacité à trouver le bon dosage, à sentir de bon équilibre, à harmoniser les choses.

Cela ne concernant pas que la manière d'aimer (et se faire aimer), mais aussi la relation au plaisir, la façon d'aborder, et d'oser, une belle sensualité et de justes satisfactions corporelles.

La suggestion principale ici pourrait être d'éviter de rester esclave des « diktats » du mental, ou de la « tyrannie de la tête » dans un domaine qui n'est pas le sien. Ne dit-on pas « Le cœur à ses raisons que la raison, ne connaît point » ?

Que cette intense lumière d'amour puisse sortir de là où elle a été cachée ou « emprisonnée » et s'épanouir au grand jour, c'est ce qu'on peut lui souhaiter de mieux, n'est-ce pas ?
Histoire de bien traverser ses peurs en matière d'Amour et d'engagement amoureux… Et braver certains interdits au plaisir. Au plaisir surtout d'être soi, au plaisir de respecter sa belle et douce nature !

Comme je dis toujours : « Osez déguster la vie par les deux bouts, cela peut vous aider à bien tenir debout »…

Alors : adieu l'auto-maltraitance, le masochisme, la « victimite », et les vieux programmes anti-amour qui traînent souvent dans certains replis de notre inconscient (et de nos héritages psychologiques familiaux).

Son Domaine 7 avec Habitant 2 :

Avec cette configuration, Alain est invité, au fil de ses diverses études, d'opter pour un travail « en binaire » plutôt que de se retrouver seul (face à sa page blanche ?). Le fait d'étudier, d'écrire un rapport, ou un livre à deux, pourrait lui être plus profitable.
Ce n'est pas ici uniquement le « besoin d'être » aidé qui prime, mais aussi le besoin d'échange, d'écoute et de partage humain qu'il pourrait solliciter.

Il lui est proposé de ne pas oublier que c'est surtout à partir de ses émotions (ou passions profondes) qu'il peut puiser au mieux dans son inspiration, et agrandir sa capacité à bien étudier et mémoriser divers champs de connaissances.

Il est invité dans ce domaine mental ou intellectuel à rester souple et adaptable. Et donc d'éviter de rester campé sur ses positions ou accroché à de vaines certitudes.

Il semble avoir à sa disposition des talents de « slalomeur mental » qui pourraient être très utiles pour éviter des enseignements par trop sectaires, ou des manipulations trop évidentes. Un côté « poisson » qui glisse entre les mains du pêcheur… ou du prêcheur ?

Il lui est aussi suggéré de ne pas négliger une belle intuition qui reste à sa disposition pour lui offrir de beaux échantillons de « connaissance induite » ou « révélée ».

Par ailleurs, il peut lui être demandé de s'efforcer de sortir de la « dualité courante » et oser un positionnement plus clair.

On peut lui conseiller de tenter dans sa vie intellectuelle (ou religieuse) de réunir ou assembler deux traditions différentes, deux références spirituelles. Et devenir le champion du « en même temps » ?

Son Domaine 8 avec Habitant 1 :

Il est possible d'inviter Alain à permettre à son bel héros, ou « Chevalier intérieur », de grandir et faire des merveilles.

Osons lui suggérer qu'il peut avoir à sa disposition un « self-made man » puissant et efficace. Un chef d'entreprise (quelle que soit l'entreprise) dormirait-il au cœur de ses belles potentialités d'action et de réalisation.
Un chef à la noblesse et à la maturité à nourrir et à positionner…
Le conseil ici est de rester tenace et déterminé dans son beau désir de réussite personnelle. Et laisser la place à cette fougue qui peut l'habiter et lui permettre de construire ou mettre en œuvre de grandes choses.
En étant soucieux de ne pas rester prisonnier des « rails » d'options passées et périmées.

Une belle capacité d'invention est à sa disposition ici, à lui d'en faire quelque chose… d'admirable, de référence.
Sans parler de possibles dons de guérison qu'il peut lui rester à mieux structurer, ancrer ou mettre en œuvre.

Et si, avec un peu d'élan il pouvait devenir « champion de la transformation » en tous domaines. Un alchimiste en herbe ? Pratiquant une alchimie physique ou matérielle, mais aussi une « alchimie spirituelle » ?

Son Domaine 9 avec Habitant 5 :

À noter, cet assemblage peut nous rappeler ce qui était esquissé dans le Domaine du 1 avec le même type d'habitant. D'une certaine manière ; ce qui était au « début », se retrouve à la « « fin ». Aussi, cette redondance pédagogique ne semble pas être à négliger !

L'habitant mobile et turbulent de la Case 1 se rappelle à notre bon souvenir et invite Alain à oser jouer mouvements, changements et adaptation stratégiques dans le domaine du social, des groupes et d'une vision universelle des choses.
Pirouettes mentales et intuitions conseillères peuvent faire bon ménage ici. À condition qu'Alain y mette du sien (ou du chien ?).

Qu'il n'hésite pas à prendre le premier avion pour aller aider, sur un plan humanitaire ou autres, d'autres personnes d'un autre univers, d'un autre pays.

Conseillons-lui de ne pas changer trop souvent d'options ou d'intensions humanistes. Ses nombreux voyages ne sont profitables que s'ils ne servent pas uniquement à lui distraire l'esprit, et s'éloigner, au sein d'un petit ou grand « manège centrifuge » de l'essentiel en lui-même, et en sa démarche éthique tant souhaitée…

On peut lui proposer de ne pas restreindre son bel « esprit d'aventures et de découvertes » (en terre inconnue ?), d'oser explorer le ou les mondes de l'étrange… Et de ne pas oublier ses beaux élans naturels de recherche de liberté, de grand air ou de grands espaces. Histoire d'élargir vraiment sa vision panoramique d'une nouvelle conscience ?

Allez, encourageons-le à « mettre les voiles, au-delà des voiles » !

Tout en osant lui suggérer régulièrement de « ramener la balle au centre ». Au centre du meilleur de son monde intérieur. Comme pour calmer le jeu en revenant à proximité de son vrai « JE » …

Histoire finalement de ne pas arrêter de faire du neuf (9), dans son monde en perpétuels changements. Riche en belle surprises. Réveillé par toutes ces lumières clignotantes. La conscience en éveil… et de « cinq-scères » élans spirituels à libre-disposition ?

4

LES PONTS INITIATIQUES

Cet élément, qui a sa place parmi les compléments de l'Inclusion de base a été la première nouveauté, ou première pierre, de ma numérologie humaniste (au début des années quatre-vingt-dix).

Il a été plébiscité par la grande majorité de mes nombreux étudiants, et c'est pour cette raison que je vous le (re)présente aujourd'hui. Cela, malgré le fait que j'ai failli le mettre au rancart (ou dans mes archives) après avoir découvert et mis au point tant de nouveaux Postes-clés ou éléments notables du thème, qui avaient tendance à lui passer devant.

Imaginons une petite histoire…
Un gentil néophyte ou « aventurier numérologique » s'avance sur un chemin d'évolution.

Il a le désir, et le projet, d'aller s'instruire dans un certain domaine, ou d'aller à la rencontre d'un lieu d'initiation précis.

À un moment de sa progression, il arrive au bord d'un ravin apparemment infranchissable. Il comprend qu'il ne peut plus progresser.

C'est alors, que d'un coup de baguette magique (ou grâce à un numérologue sympathique et créatif) apparaît un pont qui peut lui permettre d'accéder au domaine recherché.

Se trouve alors à sa libre-disposition un « Pont initiatique ».

Cet outil se met à son service dans sa démarche pour mieux gérer les divers domaines de sa vie (représentés par les cases de son Inclusion).

Ainsi, chaque Pont initiatique, apparaissant en lien avec une case « à investir », est là pour t'aider à traverser tes peurs, à faciliter ta progression personnelle, à rencontrer tes vrais désirs.

En un mot à oser tes envies dans les domaines que tu as choisi de rencontrer, et où tu pourras expérimenter divers possibles avec succès.

Comment calculer les Ponts initiatiques ?

Considère chaque case de ton Inclusion de base.
Calcule dans chacune d'entre elles l'écart qui existe entre le numéro de la case et son habitant (différence entre Case et habitant).

Tu obtiendras, pour chaque case un Pont initiatique, qui sera sauf très rares cas un nombre à un chiffre (s'il est à deux chiffres, ne le réduit pas).

À noter :
Il y a deux exceptions possibles. Pas de pont dans ces cas-là :
- Lorsque l'habitant est le même que le numéro de la case (ce que j'appelle un « doublet »),
- ou lorsque l'habitant est un zéro.

Exemple pour Julie

1	**2**	**3**	**4**	**5**	**6**	**7**	**8**	**9**
3	1	6	1	4	2	0	0	2

- En Case 1 avec un habitant 3 : 3 – 1 = 2
Le pont initiatique a pour valeur 2
- En Case 2 avec un habitant 1 : Pont 1
- En Case 3 avec un habitant 6 : Pont 3
- En Case 4 avec un habitant 1 : Pont 3
- En Case 5 avec un habitant 4 : Pont 1
- En Case 6 avec un habitant 2 : Pont 4
- En Case 7 avec un habitant 0 : Pas de Pont
- En Case 8 avec un habitant 0 : Pas de Pont
- En Case 9 avec un habitant 2 : Pont 7

Pistes d'interprétation de ses 7 Ponts initiatiques

En case 1 le Pont invite Julie à bénéficier de l'aide du 2.
Un 2 prêt à lui offrir ses capacités d'accueil, son ouverture, ses dons d'intuition, sa sensibilité, sa souplesse.

Tout cela bien pouvant se révéler bien utile pour favoriser son positionnement personnel, sa faculté à diriger les opérations, et favoriser ses élans dynamiques.
Et lui offrir la possibilité de mieux s'affirmer et à se mettre en action avec rapidité et vigueur. Ou enfin apporter un peu de féminin et de douceur « dans ce monde de brutes » ?

En case 2 le Pont invite Julie à bénéficier de l'aide du 1.
Un 1 prêt à lui offrir sa dynamique propre, sa capacité à décider, son sens du commandement et sa faculté à prendre des initiatives.
Notons au passage que l'habitant a la même valeur 1 que le Pont.
Est-ce à dire que l'avancement sera particulièrement facilité ? Cela dépendra de la manière dont elle aura mis en œuvre sa gestion de type 1 dans ce domaine. C'est comme si elle avait, pour le passage de ce Pont, déjà la « Carte Pass »…

En case 3 le Pont invite Julie à bénéficier de l'aide du 3.
Un 3 prêt à lui offrir sa brillance et ses belles capacités à communiquer. Et à ne pas négliger l'aide des amis, ou à tenter une belle créativité dans ce domaine.

Notons au passage, un peu comme dans la case précédente, une double présence, ici du nombre 3. Cette fois ce n'est pas un habitant identique au Pont, mais un Pont identique au domaine (ou à la case) concerné.

Aussi ce 3, joyeux et animé, pourra-t-il épauler, le 6 et l'aider à bien développer son accueil du plaisir et ses élans d'amour.
Un vrai élixir, auquel sont rajoutées de belles bulles ?
Quand le 6 gourmand et sensuel part à la campagne (ou en campagne) on sort le champagne ?

En Case 4 le Pont invite Julie à bénéficier de l'aide du 3.
Le Pont est identique à celui de la Case 3 qui précède. Aussi, les aides et les encouragements vont rester similaires. Sauf que nous sommes ici dans une Case différente.
Ce domaine 4 en question exige en général structuration, sérieux, ténacité et nécessité de bien garder les pieds sur terre. Or dans le cas d'Alain, il bénéficie d'un allié plutôt « artistique », enclin à la « légèreté » plutôt qu'au sérieux et aux obligations de bien rester « dans le cadre ».

Ce Pont bien sympathique, et à l'allure assez joyeuse, reste à sa disposition. Avec même un fond musical (pour le même prix ?). Et des lampions de 14 juillet ? Et avec même des relais pour téléphone portable ! Sans oublier tous ces bons copains qui veulent l'accompagner dans l'aventure (faisons-en l'hypothèse !).

Aussi, ce passage initiatique semble se présenter comme un « jeu de piste divertissant », ou un jeu tout court. Où il n'est pas demandé de courir le marathon. Juste hausser parfois le ton pour se faire entendre… au milieu de la fanfare ?

En case 5 le Pont invite Julie à bénéficier de l'aide du 1.
Dans ce domaine, par contre, Julie est aidée par ce 1 qui « fonce avec sa tête » et qui n'hésite pas à se lancer, là où l'Habitant 4 de départ pourrait avoir tendance à s'orienter en priorité vers la sécurité, la reproduction d'habitudes parfois « périmées ». Une aide à faire du neuf en quelque sorte.
Histoire d'encourager Julie à sortir de sa zone de confort et à dépasser certaines règles ou limites qu'elle se serait fixée en matière de construction personnelle, et même en matière de sexualité (Rappelons que le Domaine 5 concerne aussi l'activité sexuelle).

En résumé : un coup de pouce pour lui éviter de dire trop souvent « Pouce, je fais une pause » ou « Pouce j'arrête les frais ! ».
Un Pont dynamique qui ne veut pas dire que de la dynamite a été placée… pour les faire sauter !

En case 6 le Pont invite Julie à bénéficier de l'aide du 4.
Dans ce domaine, nous retrouvons un Pont 4 qui vient aider un habitant 2 (nombre Yin doux, sensible et romantique) dans une Case 6 (nombre de douceur, de calme et de sensualité).

Ainsi, il invite Julie à ne pas négliger tous ces détails concrets et quotidiens qui peuvent lui rendre la vie plus facile, en restant bien à l'écoute de son corps et de son cœur. Un Pont pour recadrer, voire « rationaliser » certains rêves qui pourraient s'avérer un peu trop « romantiques » ou certains « errements » qui parasiteraient ses prises de décisions ou ses choix profonds.

Chaque Pont reste toujours une aide complémentaire et parfois un « rappel à l'ordre » ayant pour but d'aider à mieux avancer ou de s'épanouir vraiment dans un Domaine particulier.

En Case 7 et 8, il n'y a pas de Pont car l'habitant de base est un zéro pour chacune d'entre elles.

En case 9 le Pont invite Julie à bénéficier de l'aide du 7.
Dans ce domaine consacré à l'ouverture de conscience, le 7 encourage Julie à utiliser certains repères spirituels, certains enseignements (parfois religieux) sur son chemin de conscientisation.

Pour qu'après certaines prises de conscience ou certaines acquisitions de connaissances, elle puisse oser s'orienter plus largement (et en panoramique ?) vers plus de conscience, plus d'ouverture spirituelle profonde.

Un Pont 7 qui l'invite à ne pas négliger certaines structures de pensées et à développer son sens de l'observation ou de la discrimination en matière de spiritualité et de croyances en général.

C'est-à-dire, lui suggérer un peu de sérieux pour accompagner ses grands élans idéalistes. Pour remettre du cadre dans ses velléités de « grands voyages ailleurs », ou de calmer le jeu de certains désirs de voyages peut-être un peu planants. Aider son 2 à ne pas se perdre (ou se parasiter) dans les vagues de ses émotions, à ne pas trop jouer à s'envoler dans les nuages (en Montgolfière ?), ou à errer dans un brouillard persistant.

Sans pour autant « jouer les ascètes », là où elle pourrait avoir tendance à s'imaginer de beaux rêves romantiques et palpitants…

Exemple pour Alain

1	2	3	4	5	6	7	8	9
5	1	4	1	6	0	2	1	5

- En Case 1 avec un habitant 5 : Pont 4
- En Case 2 avec un habitant 1 : Pont 1
- En Case 3 avec un habitant 4 : Pont 1
- En Case 4 avec un habitant 1 : Pont 3
- En Case 5 avec un habitant 6 : Pont 1
- En case 6 avec un habitant 0 : Pas de Pont
- En Case 7 avec un habitant 2 : Pont 5
- En Case 8 avec un habitant 1 : Pont 7
- En Case 9 avec un habitant 5 : Pont 4

Pistes d'interprétation de ses 7 Ponts initiatiques

En case 1 le Pont invite Alain à bénéficier de l'aide du 4.
Un 4 prêt à lui offrir ses capacités d'organisation, de sens du concret et le désir de ne négliger aucun détail, cela pour compléter, ou ramener à plus de mesure certains élans évoqués ici par le 5, toujours en mouvements et partant pour tant d'expériences nouvelles.

Un compagnon sérieux et prudent disant à son cavalier de partenaire : « Prudence mon gars. Et si on se calmait un peu ? ».

Un Pont qui invite à un peu de réalisme au cœur de si beaux et si nombreux élans, parfois un peu « brouillons », ou de démarrages un peu trop pressés « d'être déjà arrivé ! ».

Un Pont suggérant de bien réfléchir avant d'agir, histoire de ne pas oublier certains détails ou de s'embarquer un peu trop vite dans l'aventure sans regarder la météo.
Sans pour autant enfermer le cheval de course dans son box !

En case 2 le Pont invite Alain à bénéficier de l'aide du 1.
Nous avions le même type de configuration pour Julie dans cette case. Ainsi peu de différences ici. Toujours ce Pont 1 identique à l'habitant 1 de cette Case. Et donc toujours cette « Carte Pass » à disposition.

En case 3 le Pont invite Alain à bénéficier de l'aide du 1.
Encore un Pont 1, identique à celui du Domaine précédent.
Ainsi le 1 invite Alain à « booster » ce tranquille 4 habitant cette Case.
Il peut l'aider à « sortir du bois » et à oser se lancer, parfois un peu « dans le vide » au cœur d'un fonctionnement qui pourrait être trop prudent, trop retenu, trop « bien comme il faut » dans un domaine de créativité, d'image personnelle et de communication humaine.
« Allez ! Un peu de folie » semble lui souffler à l'oreille ce 1 bien réveillé.
« Allez ! Bouge-toi un peu plus… au lieu de trop vérifier tous les aspects pratiques, et obéir trop docilement à toutes les règles en la matière ».
Un Pont 1 pour plus d'initiatives, plus d'in-dépendance, plus d'in-tensité !

En case 4 le Pont invite Alain à bénéficier de l'aide du 3.
Un 3 prêt à lui offrir ses capacités créatives, son sens de la couleur et du décor là où le 1 pourrait avoir tendance à avancer trop vite et en oublier la nécessité (ou les avantages) de certains sens artistiques ou capacités à bien faire sa propre pub.

Le 3 peut amener ici le sens du jeu, et certaines possibilités d'authenticité, là où le 1 pourrait négliger, dans son désir d'aboutir trop vite, de tenir compte de ces éléments tellement sympathiques et colorés.

Allez ! Un peu d'air de vacances (à regarder les papillons voler ?) dans cette volonté (parfois trop centrée ou trop fermée) d'avancer, d'être le chef de cordée ou le combattant en première ligne.
Tout cela dans un domaine concernant autant l'activité professionnelle, que la gestion matérielle des choses et même la gestion corporelle (de la structure du corps).

En case 5 le Pont invite Alain à bénéficier de l'aide du 1.
Un 1 prêt à lui offrir sa dynamique, son désir de « monter au créneau » là où le 6 parlait plutôt de relaxation, de pause, de dégustation sensuelle tranquille.

Un 1 pour réveiller Alain.. Et lui éviter de s'endormir dans son jacuzzi ? Pour lui « aligner ses intentions » là où il aurait tendance, de manière cool voire indolente, à se laisser aller.

Histoire de mettre du « Yang » dans son « Yin », de durcir les choses là ou elles pourraient se ramollir. À reprendre la direction des opérations là où la volonté (et son « autorité ») pourraient manquer un peu...

Sans tomber sur une intransigeance nuisible à son désir d'être bien (« mieux-être ») ou à ses possibilités d'accueil du « style » (luxe, calme et volupté).

En case 6 : Pas de Pont

En case 7 le Pont invite Alain à bénéficier de l'aide du 5.
Un 5 qui peut l'aider, là aussi, à mettre du « Yang » dans son « Yin », à pousser un peu cet habitant deux à sortir de ses rêves ou de certains « brouillards » intérieurs pour le pousser à aller prendre l'air ailleurs et à s'aventurer au-delà de certaines émotions ou d'une sensibilité aux possibles aspects limitatifs.

En un mot : oser prendre des risques, oser d'autres expériences. Ici en matière de connaissances, de prises de conscience. Oser faire « cavalier seul » là où il aurait pu avoir tendance à dépendre de l'autre ou des conseils d'un ou d'une allié(e) (ou « maman d'occasion ») dans son cheminement mental ou spirituel.

Car nous sommes ici dans le Domaine du 7 consacré à la réflexion cadrée des choses, à la programmation classique, ou au cheminement sérieux, concernant toute prise de conscience (avisée voire traditionnelle).
Un 5 prompt à mettre les pieds dans le plat ou « taper dans la fourmilière » là où le 2 est plutôt enclin à arrondir les angles et à calmer le jeu (et assouplir l'ambiance).

En case 8 le Pont invite Alain à bénéficier de l'aide du 7.
Un 7 prêt à lui offrir ses dons de programmation et tout son savoir à ce self-made man esquissé par le 8 habité par un 1.

Un 7 offrant tout son savoir à ce chef de chantier ou à cet investisseur brillant.

Un 7 amenant sa dimension spirituelle à ce ou ces grands chantiers en œuvre. Un 7 presque prêt à donner des leçons d'éthique (voire de morale) à ce 8 conquérant et sûr de son pouvoir.

En tout cas, un bel ensemble de nombres « rétractés » qui ne laissent rien passer et qui restent prêts à toute confrontation exigeant ténacité, bravoure et exigence.
Cette (7) fois-ci, on ne rigole plus. Et les enjeux sont à la hauteur des chevaliers en présence. Il reste à Alain de gagner ses lauriers (comme César ?).

En case 9 le Pont invite Alain à bénéficier de l'aide du 4.
Un 4 prêt, comme dans sa Case1, à lui offrir la possibilité de revenir un peu sur terre ou d'atterrir après de longs vols internationaux (en solitaire ?). Le 4 reste à son service pour traverser les nuages et les turbulences aériennes pour enfin affronter les exigences du concret et les cadres, parfois limités, qu'impose la conjoncture ou les obligations budgétaires.

Le 4 ne cherche pas a priori à plomber les envolées du 5, bien qu'il s'agisse du Domaine des idéaux, de l'imaginaire et des forces inconscientes (qui s'activent prestement en lui). Juste une manière de lui venir en aide pour préparer l'atterrissage de ses « drôles de machines volantes » ou de ses aventures (extrêmes ?) à l'autre bout du monde.

Tant que le 4 ne joue pas les « castrateurs » (ou quatre à tueurs) de ses possibles tentatives cinq-pathiques, et ses étonnants et téméraires challenges tout se présente comme le meilleur des mondes.

Un 4 finalement bien utile pour faire le pont entre ses envies irrationnelles de découvertes et d'aventure et ses désirs de sécurité et de force tranquille…

5

LE TABLEAU DE BORD

Je voudrais te présenter maintenant ce que j'ai appelé « Tableau de bord » qui comme son nom l'indique peut très bien jouer le rôle de résumé des éléments majeurs de ton thème.

Bienvenue à bord !
Trois éléments constituent ce bel « outil de synthèse » : ton initiale (de ton prénom usuel), ton Jour de naissance et ta place dans la famille (place de conception).
À noter : j'ai consacré un livre entier à ce sujet *La Numérologie essentielle, et sans calcul* (300 pages). Chez le même Éditeur.

Ton initiale

Elle évoque « ton ÂME » et ta manière d'aborder la vie. L'essentiel de ce qui sous-tend tes vrais désirs, ce qui t'anime profondément.
En tout cas, il t'est suggéré d'être à l'écoute de ces élans naturels.
Le ou les nombres qui lui sont liés t'invitent à considérer ces beaux désirs.
Remarque : comme d'habitude, ces évocations restent surtout des hypothèses à ta libre-disposition et en aucun cas des descriptions ou autres déterminations (ou « vérités » non discutables !).

Il est possible aussi que cette initiale te fasse un joli clin d'œil concernant certains acquis dans une vie précédente. Une petite « l'ÂME de fond » en quelque sorte à prolonger et à utiliser dans cette vie-ci.

Cette initiale peut te révéler une partie positive de ton monde intérieur. Il semble alors profitable que tu t'appuies sur « ce meilleur en toi-même » comme le meilleur allié possible au fil de ta progression personnelle profonde.

En résumé, ce nombre (ou ces nombres) t'invite à considérer certaines « spécialités personnelles » et à prendre conscience de tes potentialités multiples qui parfois restent endormies au fond de toi…
Juste laisser émerger « le naturel » (sans qu'il ait besoin de « revenir au galop »).
Histoire de laisser de la place à ces diverses richesses intérieures, parfois oubliées ou négligées…

Ta Place

Le nombre lié à cette place, ou numéro d'ordre familial, peut évoquer le lieu de tes plus grands défis, là où tu peux te révéler le ou la meilleur(e). En quelque sorte une bonne base pour ta construction intérieure.

C'est aussi le « terrain de révélations » concernant ta plus grande mise en valeur au cours de ta vie.

Il t'est rappelé ici que ce nombre (ou ces nombres) correspond à ce que tu peux « jouer à fond » et investir au mieux depuis tes « données de départ ». Faisons-en l'hypothèse.

En effet, cette place pose le décor, en particulier familial de cette incarnation. Et induit la « mise en place » des premières disquettes qui influenceront plus ou moins ce que certains nomment « la destinée »…

Juste rester conscient(e) des enjeux liés à cette place, et qui seront la source ou matière première de divers programmes intérieurs, qui guideront tes choix.

Tout cela, bien sûr, entrant en ligne de compte dans ton désir de trouver ta vraie place dans ta vie. Sur le plan personnel, professionnel, géographique, et même sur le plan intime et amoureux…

Ou comment apprendre à être bien « dans tes baskets », à devenir un homme ou une femme debout, sur des bases solides, et une belle reconnaissance de ton rôle dans l'aventure de cette vie.
Une manière d'être vraiment toi-même, au bon endroit, au bon moment. Sans te laisser définir, ni influencer par les autres.

Ton jour de naissance

Le nombre à un ou deux chiffres liés à ce jour de naissance te suggère la meilleure façon de mettre en place tes projets et, d'une manière générale, à concrétiser les choses au cours de ta vie.
Il te propose, en quelque sorte, un « mode habituel de faire », et un grand terrain d'applications diverses et variées.

Cela à ta disposition pour réaliser tes petits ou grands chantiers, et te réaliser toi-même. Et en définitive structurer positivement tes besoins de base au service d'une vie sereine.

En fait, ton jour de naissance esquisse une « dynamique personnelle » qu'il te reste à mettre en œuvre de la façon la plus satisfaisante. Ce jour représente ce type d'énergie qui peut te solliciter intérieurement pour tenter de nombreux possibles et t'encourager à devenir pleinement toi-même. Cela en toute conscience et en toute réussite !

Sans oublier tous ces beaux talents qu'il te reste à « travailler », à développer et à remettre régulièrement « sur le métier ».
Histoire d'honorer tes aspirations profondes, et en faire des merveilles aptes à « éclairer ta vie »…
Au final, des pistes pouvant évoquer un beau mode d'application de ton potentiel personnel… Une belle « école de réussite », non ?

Pour résumer le tout :

- Ton initiale = Ton ÂME

- Ta Place = Ton EXCELLENCE

- Ton Jour = Ton ACTION

L'exemple de Julie

Son Initiale J a pour valeur 10
Sa Place est la n°1
Son Jour de naissance est 26 (réductible à 8)

Notons au passage qu'apparaît deux fois le nombre 1 (très Yang-Masculin) et que ce 3e élément de son Tableau de bord est uniquement lié à 3 nombres Yin-Féminins.
Soit une excellence et de beaux élans de l'âme (Yang-masculins) à utiliser pour de belles réalisations Yin-Féminines…

En effet, ce qui peut l'animer profondément et sous-tendre ses désirs en général, est évoqué par le 10.
Le zéro étant ici en position forte, il invite à trouver le juste milieu au niveau de cette manière d'aborder la vie. Afin d'éviter les « hauts et les bas », les « tout ou rien », souvent liés au zéro dans un premier temps (d'initiation, ou de « cours d'équilibrage »).

Cela pour aider à l'émergence de ce potentiel leadership, ou au rayonnement du meilleur en elle-même, concernant ses beaux élans et facultés à « faire la trace », à innover, à oser l'avant-garde.

Ici est évoqué ce besoin fondamental à être au centre d'un petit groupe (familial ou professionnel), et d'y jouer un rôle dominant.
Être un « re-père » pour les autres… et parfois une cible de leurs projections ?
Serait-ce juste un un-dice (1-10) ? Un témoignage indicible (1-10 Cible) ? Ou tout simplement une juste proposition…

Sa Place de première de la fratrie, confirme ici l'essai.
Chercher à être, et rester, « la meilleure » dans un ou plusieurs domaines, cela peut faire partie de ses grands défis.

Si elle veut faire honneur à son « excellence », il lui reste à faire ses preuves.
Ce qu'elle peut aisément faire si elle ose jouer à fond ce pour quoi elle est (ou serait) faite : lanceuse de projets, lanceuse d'alerte… ou lanceuse de poids ? (poids des mots, poids des photos).
Une cheffe de file (prête à défiler sans se défiler). Porteuse du drapeau de

ses grandes convictions, et de son épée de conquérante ?
Une audacieuse avant-gardiste, à qui il est conseillé de prendre garde à ses arrières… Qui pourraient être en train de la jalouser insidieusement ?

Et en parallèle, il lui est suggéré d'oser un « terrain d'application », où domine une certaine manière de s'engager, et de concrétiser, très féminine, sensible et douce.

En effet, le 6 aux unités l'invite à développer sa capacité à sentir, à développer son sens du beau et du bon goût.
Et surtout à expérimenter « sur le tas », à écouter son cœur, à apprendre l'amour.

Sans oublier de mettre en œuvre sa belle intuition féminine, ses possibilités d'accueil de grandes émotions (ce qui n'est pas très aisé quand on fonctionne sur le mode masculin du nombre 1, présent précédemment).

Pour se réaliser, elle semble avoir à sa disposition un beau désir d'écoute de l'autre, diverses velléités de conseils, et des moyens de s'épanouir dans l'aide aux autres.
Ainsi que cette forte incitation à en faire trop pour aider les autres ?

Rester « trop gentille, amène souvent gentiment à se faire avoir ? Surtout qu'avec certaines « œillères du 1 », il y a le risque de ne rien voir venir.

Aussi, lui est-il conseillé de bien développer ses « radars », de bien décrasser ses fines antennes. Sans oublier de féminiser son « personnel de bord », plus apte à sentir s'approcher les potentiels manipulateurs ou « suppressifs »…

Un terrain d'application où reste une grande part d'EAU, de sentiments dans la nature. Une nature qui peut se retrouver parfois inondée par certaines vagues à larmes, lorsque les alarmes baissent les armes, et lorsque les émotions n'arrivent plus à être canalisées…

En tout cas, une ode à la féminité, et de belles réalisations possibles, agrémentées de justes engagements plein d'amour (et d'eau fraîche ?).
Souhaitons à cette belle héroïne de superbes réussites dans divers domaines pacifiques, et où le plaisir est roi, pardon « « Reine !

L'exemple d'Alain

Son Initiale A qui a pour valeur 1
Sa Place est la n°2
Son Jour de naissance est 15 (réductible à 6)

Pour Alain, les propositions offertes par son initiale, concernant ce qui peut l'animer profondément ressemblent beaucoup à ce qui est proposé à Julie. Et peut-être un cran au-dessus des élans la concernant. C'est-à-dire avec une manière encore plus directe, plus rapide, voire « fonceuse » d'aborder sa vie. Les élans naturels du 1 sont particulièrement dynamiques, sans hésitations, propres à un « battant » digne de ce nom.

Cette partie positive de son monde intérieur reste sans concession et avec un pouvoir de positionnement non négligeable.
Le « meilleur en lui-même » s'apparente à une figure de chef, voire de père (ou fonction père). Son meilleur allié intérieur ressemble à un guerrier (pacifique ?) qui, comme le bélier s'élance tête en avant !

Sa spécialité personnelle parait d'être ce « Chef de file » qui annonce : « qui m'aime me suive ». À lui, en tout cas de suivre ou non les conseils avisés du nombre 1…
À lui, aussi de réveiller le « lanceur d'idées » qui sommeille en lui, et de faire la courte échelle à ses belles potentialités directoriales.
Sa richesse intérieure reste son désir ardent d'être perçu comme le meilleur « d'entre nous ». En tout cas, de tout faire pour le prouver.
Quitte à se retrouver parfois bien seul devant ses troupes ?

Sa place familiale n°2 reste un terrain de révélation pour lui au niveau de sa capacité d'ouverture et d'écoute de l'autre. C'est là qu'il peut « jouer à fond » ses qualités de thérapeute et de transmetteur de conseils avisés.

En place de second, après une fille, il aura le défi de ne pas se laisser marcher sur les pieds par celle-ci (d'autant plus si elle, un peu comme Julie, a une belle présence de 1 dans son thème et qu'elle pourrait avoir tendance à jouer les « dominatrices » ou « directrice en chef »).
Un défi, par ailleurs de développer autant son identité masculine que ses composantes féminines (sensibilité, intuition, écoute).

Le 2 lié à cette place l'invite à la mise en valeur du meilleur de ses disquettes familiales de base en rapport avec une certaine « fonction Mère » (nourrir, protéger, soigner).
Pour être « bien dans ses baskets » il lui est suggéré d'accueillir cette partie émotionnelle et fine qui peut alimenter sa belle inspiration, voire une certaine médiumnité (ou claire-audience).
Sa manière d'être vraiment lui-même et de rester un « homme debout » est d'apprendre la souplesse, la « stratégie du contournement » et la capacité à retomber sur ses petites pattes.
Champion du Slalom, ça existe ! Surtout quand on veut vous tirer dessus et que vous êtes dans la ligne de mire.
Ensuite, on vous ad-mire pour avoir déjoué l'adversaire, ou comme en judo de vous être servi de son énergie pour le basculer…

Son jour de naissance lié au nombre 15 lui propose la meilleure façon, ou les bonnes méthodes, pour mettre en place ses divers projets de vie avec de belles chances de réussite.

Ce nombre composé en priorité du 5, puis du 1 et éventuellement du 6 lui suggère, concernant ces projets, de commencer par observer « tous azimut » les opportunités qui peuvent se présenter et d'oser diverses expériences avec le moins possible d'a priori.

Pour concrétiser ses plans, ses résolutions, ou ses entreprises, il est invité à ne pas économiser de nombreuses recherches, et ses belles capacités à sentir le « sens du vent », et à s'adapter à des situations nouvelles.

Son mode habituel de faire consiste à courir plusieurs lièvres à la fois (sans faire feu de tout bois !) et à se situer régulièrement là où on ne l'attend pas.
Il peut oser avec succès choisir un très large « terrain d'application » quitte à se payer un abonnement pour de nombreux trajets aériens ! Un terrain donc mobile… et « sans mobile apparent » !
Un terrain surprenant et qui peut en surprendre plus d'un ou plus d'une !
C'est là qu'il peut se révéler, là aussi, être un bon chef de file (pour filer à l'anglaise ?)
Aussi, il lui est suggéré de faire de belles réserves d'énergie, car il peut en avoir besoin dans sa démarche électrique et trépidante.
Cette boule d'énergie ne s'use que si l'on s'en sert. Et il ne se serre pas la ceinture en matière de survoltage !

À lui d'honorer ces superbes ressources et aspirations profondes en matière de réforme, de changements en tous genres et de dépaysements. C'est là qu'il peut faire merveille, et mettre à profit son si beau mode d'application de son potentiel profond.

Le Tableau de bord du Thème

Les 3 Clés de mon « Qui suis-je ? »

Initiale

Mon Ame

Evoque ma manière d'aborder la vie.
Un bel Elan naturel.
Sous-tend mes vrais désirs.
Ce qui m'anime profondément.

Jour

Mon Action

Evoque ma manière de concrétiser,
de mettre en place,
Mon « Mode de faire »
ou « Terrain d'application »
Pour réaliser et me réaliser.
Pour structurer mes besoins de base.

Place

Mon Excellence

Evoque mon excellence.
Là ou je suis le (la) meilleur(e).
Lieu de mes plus grands défis
et de ma construction intérieure.
Ma plus grande « mise en valeur ».
Ce que je peux « jouer à fond » et
investir au mieux « Ma vraie place »

6

LE NOYAU CENTRAL DE L'ÊTRE

Comme son nom l'indique, il apparaît central au sein du thème. Et son nombre qui le suit comme son n-ombre ne sera donc pas à négliger. Autant aucun nombre n'est là dans un thème pour coller une quelconque identité (ou fixer une étiquette), ou pour « résumer une personne », autant le « Noyau central de l'être » (ou « NCE ») pourrait l'être.

Esquisser une éventuelle réponse au « Qui suis-je ? ». On pourrait exceptionnellement offrir des pistes identitaires, ou des messages contenant le verbe ÊTRE. C'est-à-dire le « je suis », « tu es », « vous êtes » etc. Habituellement à proscrire, à mon avis, dans toute démarche de relation d'aide ou de psychologie moderne.

Pour être plus précis (ou cohérent), en créant ce « Poste-clé », j'ai souhaité offrir des pistes concernant :
- Ton intention essentielle d'incarnation
- Les motivations profondes de ton être
- Un fil directeur du sens de tes élans intérieurs profonds
- Un besoin fondamental à respecter dans ta vie

C'est-à-dire, comment pourraient s'agencer tes élans existentiels ?
À partir de quoi s'animent tes espoirs les plus intimes ?
Ton « NCE » peut t'aider à donner des réponses à ces diverses questions…

Il offre la possibilité de te relier à la force ou à l'énergie que tu es probablement venu manifester ici-bas dans cette incarnation.
Les conditions de cette incarnation ne sont pas « tombées du ciel » et il n'y a pas de hasard, semble-t-il !

Ces éléments ne correspondent ils pas à cet appel profond de ton âme ? Formulé peut-être avant ta naissance…

Cette « intention essentielle » semble t'apporter une « tension » positive vers le divin en toi. Ou esquisser certaines facettes manquantes du diamant que ton âme aspire à devenir.

Une invitation à graviter autour de ce « Cercle intérieur » pour petit à petit te rapprocher de son centre rayonnant. Et oser habiter ta belle « clairière intérieure » ?

Une sacrée partie de toi-même à rencontrer, à entretenir, à développer, pour ainsi t'aider à prospérer de façon passionnante.

Tout dépendra de ton attitude, de tes choix, de tes croyances. À toi d'arroser ou non ces grands germes de vie (ou potentialités centrales). À toi de t'occuper de ce grand « jardin intérieur », riche de ses beaux fruits ou cadeaux potentiels. À la disposition du meilleur de ta vie.

Ton NCE t'invite finalement à ne pas passer à côté de la direction intérieure la plus lumineuse de ton être en évolution superbe.

Il te suggère d'investir le lieu de ta vraie puissance d'action, de ta puissance d'amour, et de ta « puissance de vie ». Diverses facettes d'une puissance d'action globale, à ta disposition pour concrétiser tes rêves les plus beaux.

Sans parler d'une réelle puissance spirituelle, à ton service pour te connecter à une forme de « pleine conscience » de ta profonde nature divine… Ou à cet « incontournable » en tes profondeurs intimes. Histoire d'avancer main dans la main avec cette partie de toi la plus proche de tes origines célestes ?

Ton NCE t'invite aussi, bien sûr, à assumer tes choix de vie, à tirer les leçons de toutes expériences, et d'oser positionner régulièrement tes options primordiales, et tes ressentis les plus inaliénables.

En résumé, ton NCE t'incite à :
- Offrir de la souplesse et de la liberté à tes capacités spirituelles.
- Donner un sens clair à ton éveil savouré
- Faciliter un sens animé au pétillement de ta vie
- Développer la possibilité de connexions intérieures régénératrices
- Respecter vraiment tes besoins fondamentaux. Des besoins à chérir, à satisfaire, à honorer, pour le plus grand bien de la santé de ton âme.
- Oser accorder un bel hommage au cadeau divin qu'est la vie, ta vie. Une vie qu'il te rester à laisser circuler le plus librement possible en toi…
Une vie qui n'attend plus que toi !

Comment calculer le « Noyau central de l'être » ?

Nous allons, une fois de plus repartir de l'Inclusion de base (ou « Carte d'invitations »). Et considérer les 4 derniers habitants.

Il nous reste juste à en faire la somme pour obtenir le « NCE »

À noter : C'est généralement un nombre à un chiffre.
Parfois certaines personnes peuvent avoir un 10, un 11/2, un 12, et encore plus rarement un 13.
Est-ce à dire qu'on leur propose (ou qu'elles ont le don) de « travailler sur deux plans » (de capter deux niveaux d'énergie et d'existence, l'un bassement terrestre, et l'autre plus subtil, voire invisible ?).

Pour l'exemple de Julie

- Elle a 2 en Case 6, Zéro en Case 7, Zéro en Case 8, et 2 en case 9.
Ainsi, son NCE se trouve être : 2+0+0+2 = 4

1	2	3	4	5	6	7	8	9
3	1	6	1	4	2	0	0	2

Le nombre 4 de son NCE est lui-même qualifié par le nombre 1 (dans son Inclusion de base)

Interprétation de son Noyau Central de l'être

Son NCE 4 modulé par un 1 l'invite à considérer une sacrée intention de s'incarner le plus concrètement possible. En donnant priorité dans sa vie à toutes concrétisations, à tous les projets les plus tangibles ou matériels possibles. Avec le désir d'en être l'auteure ou la créatrice.
Elle est invitée à alimenter ce grand élan et cette exigence de « bien faire », de construire du solide, de devenir l'artisane en chef de son propre destin. Cela, en se fixant des objectifs clairs, de sérieux challenges, et des règles à tenir. Ainsi qu'une belle conscience de l'instant présent, bien ancrée dans une démarche où l'on apprend à compter sur soi sans dépendre des autres. Pour devenir une femme debout, bien plantée sur de solides bases, sur de saines fondations…

Il lui est suggéré de considérer que son « centre profond » puisse être habité par une belle flamme ou dynamique de vie. Et un fort besoin de prendre sa vie en main, avec les pieds sur terre.

Un besoin de se dresser face à l'adversité, pour s'adresser à celles et ceux qui la suivent : « Yes we can ! ... Et je vous en fait le serment ». C'est-à-dire en restant crédible, efficace... Et un « pari sûr » ?
Finalement, en optant pour mettre en place de belles capacités de contrôle (de soi et d'autrui), et de réalisations fiables et durables.
Un grand « fil directeur » de ténacité, de résistance alignée, et de probité ultime ?

Pour l'exemple d'Alain

- Il a Zéro en Case 6, 2 en Case 7, 1 en Case 8, et 5 en case 9.
Ainsi, son NCE se trouve être : 0+2+1+5 = 8

1	2	3	4	5	6	7	8	9
5	1	4	1	6	0	2	1	5

Le nombre 8 de son NCE est lui-même qualifié par le nombre 1
(dans son Inclusion de base).
(*Voir l'exercice du NCE en fin d'ouvrage*).

Interprétation de son Noyau Central de l'être

Son NCE 8 modulé par un 1 l'invite à imaginer que son intention essentielle d'incarnation a consisté à faire le choix d'être ou de devenir un « vrai héros » (ou un Héros en chef ?).

En effet, le nombre 8 parle de puissance personnelle, et le 1 qui le module se veut le grand chef des opérations.

Rappelons que le 8, en y regardant de plus près, contient dans sa symbolique, à l'intérieur de lui-même, des énergies de type 1.

Ce qui invite ici très clairement Alain à tout faire pour devenir un « self made man », ou en tout cas un bâtisseur avisé et bien aligné sur ses vraies envies dans sa vie.

Ainsi, il lui est suggéré de respecter ses besoins de maîtrise de grands projets, en restant le maître chez lui. Et de bien canaliser ce feu intérieur (ou « volcan énergétique »), qui peut le dynamiser dans ses entreprises. Sans oublier de bien faire ami-ami avec son « Tigre dans le moteur », ou ce feu qui brûle à l'intérieur et peut lui offrir la possibilité de transformer tant de choses…

Un NCE 8 qui le prédispose à être très exigeant quant aux notions de justice et d'équanimité. Des élans le poussant peut-être à être prêt à monter au créneau pour soutenir toute cause de défense des droits, et dénoncer fraudes, hypocrisies et manipulations.

Peut-être que dans son berceau a-t-il été accompagné par une belle « Durandal » symbolique. Pas uniquement pour donner des coups d'épée dans l'eau, mais pour trancher là où cela s'avère pour lui nécessaire. Et sans états d'âme ?

En tout cas, ce NCE 8 semble le prédisposer à devenir, le plus vite possible (avec le 1, généralement les choses ne traînent pas !) un « Homme debout » et fier de l'être.
Et peut-être révéler aux yeux de son entourage son beau « soleil intérieur » capable de briller de mille feux, ou en tout cas « d'allumer le feu », sans artifices, au centre de solides projets ou pour dynamiser des chantiers mémorables.

Un « Noyau central » plein de noblesse et sans bât qui blesse, mais plutôt de hautes options qui réussissent. Une réussite qui fait partie de beaux possibles… à condition qu'il retrousse ses manches, et parte à la conquête de joyeux et grands défis.

Pour rencontrer le divin en lui-même (ce qui pourrait être une autre paire de manches ?). Et de belles paires de potentialités… Pour un Père intérieur puissant et mature.

Quelques pistes concernant les différents « NCE »

Le Noyau central de l'être à valeur 1

- Une intention essentielle d'incarnation qui cherche à mettre en place une belle stratégie d'autonomie et de prise en main des choses dans cette vie-ci. C'est-à-dire vouloir diriger les opérations de manière directe et affirmée. En un mot ; devenir un chef incontesté, un leader respecté, un dirigeant seul à la barre et fier de l'être.

- Des motivations profondes qui peuvent se résumer à aller de l'avant (sans se retourner ?). Et se propulser à l'avant-garde tout en prenant garde de ne pas se faire dépasser ! En un mot ; ne pas hésiter à lancer de beaux projets, et à dynamiser avec brio toutes entreprises nouvelles.

- Un fil directeur concernant des élans intérieurs qui incitent à innover, faire la trace (en « traçant vite »), et à éclairer le chemin pour les autres. C'est-à-dire montrer la « bonne direction » (des opérations), sans hésiter à rester « en première ligne ». Tout cela accompagné d'un bel « élan à l'allumage » !

- Une invitation à respecter un fort besoin de rester libre et autonome (et peu enclin à se soumettre à une quelconque hiérarchie). Un fort besoin de jouer les précurseurs, ou initiateurs, et se sentir grand « chef de file ». Cela accompagné d'un dirigeant fier de prouver ses compétences ou sa noble capacité à être, et rester le premier (ou la première). Enfin, d'être un meneur, ou un commandant à la hauteur… Avec ce grand besoin de devenir auteur qui démange toutes celles et ceux qui veulent trouver leur place au sommet de la hiérarchie, à la tête de toutes les troupes !

J'avais envie de dire : un être qui cherche à se prendre pour une flèche, sans devenir la cible que certains petits jaloux souhaiteraient « dégommer » ou atteindre. Un état de fait qui l'invite à rester particulièrement centré (« habiter au centre » ?). À rester à la « pointe de lui-même »… En évitant de se retrouver désappointé ?
Et peut-être favoriser un « Dieu intérieur » Râ-pide et rusé ?

Le Noyau central de l'être à valeur 2

- Une intention essentielle d'incarnation qui parle de douceur, de souplesse, et d'écoute profonde.
Une intention de devenir un conseiller éminent, un aidant de choix, un thérapeute avisé.
Une intention d'œuvrer au sein d'une « fonction maternante ou nourricière » (et une « maman sacrificielle » ?)

D'une manière générale, de s'engager dans la relation d'aide.
Voire de se mettre au service de la cause féminine (ou féministe ?).

- Des motivations profondes qui peuvent se résumer à soigner, nourrir, accompagner l'autre dans sa vie. En donnant la priorité aux partenariats souples et féconds.
Et le désir d'aider les autres à se connecter à leur vraie intuition.

- Un fil directeur concernant des élans intérieurs qui incitent à tenir compte de cette belle sensibilité à disposition, à conserver cette belle ouverture à l'autre, cette empathie naturelle.
Sans oublier ce « tremplin émotionnel » ou « facilitateur émotionnel » véhiculant de délicates et attendrissantes ardeurs du cœur.

- Une invitation à respecter un fort besoin de vibrer à l'unisson de l'autre (« Unissons-nous mes frères ! »). Un besoin de se confier intimement et de recueillir de vibrantes confidences.
Un besoin de rester et de progresser dans un paysage « sans vagues ».
Un besoin, enfin, de jouer les bons médiateurs ou conciliateurs.
Sans oublier d'arrondir les angles, de réunir les extrêmes, d'oser rêver sa vie. Et de la gérer au sein d'échanges humains intimes et subtils.

Pour finir, quelques petites évocations « spirituelles » : un désir de rencontrer ce « Dieu intérieur » à double face. Un dieu lunaire et doux (aux énergies féminines ?) qui semble se laisser porter au rythme ou au sein des marées.
Un « dieu des mères intérieures » aux reflets bleutés de la lune, et aux bercements apaisants d'un cœur vibrant…

Le Noyau central de l'être à valeur 3

- Une intention essentielle d'incarnation qui parle de briller aux yeux des autres et qui n'hésite pas à se faire entendre. Le grand désir de devenir un artiste, un créateur inspiré porteur d'originalité et de pétillement coloré. Et le fait d'avoir un rôle notable dans le domaine des relations humaines.
Un être qui amène à voir la vie en rose, capable de faire disparaître toute morosité et à côté de qui on oublie l'ennui ou la « déprime ».

- Des motivations profondes qui peuvent le pousser à monter sur scène, pour faire sa pub ou la pub de divers projets. Un être particulièrement motivé pour mettre en place une ou des équipes.
Un être doué pour transmettre des informations ou autres messages (non codés). Ainsi que le fort désir de favoriser l'humour et valoriser la notion de Jeu…

- Un fil directeur concernant des élans intérieurs qui incitent à révéler ce qui est resté caché ou occulté. Des élans propres à dynamiser les (petits) groupes et à « réveiller la compagnie ». Des élans naturels à la « mise en forme » ou « mise en lumière »… Sans s'interdire de séduire, voire de « subjuguer » par son sourire… Qui l'accompagne lorsqu'il « danse sous la pluie » ?

- Une invitation à respecter un fort besoin de développer, en tous temps, spontanéité, mise en joie et grande envie de dire la vérité (même si, comme dans la chanson, il pourrait être « exécuté !).
Un besoin viscéral de mettre des mots sur les maux, de mettre les mots en musique (et tenter la « musique des mots » et des jeux de mots).
Sans oublier de chanter, de virevolter (avec haut voltage ?), et de s'exprimer de mille manières (pour éviter le comble des mille et un ennuis ?).

Saluons cet « enfant inté-rieur » enjoué qui connaît bien la musique ! Tellement craquant, quand il arrête d'en faire trop !
Sans oublier de lui préciser de bien prendre soin de son look pour éviter de « se faire chambrer ». Et surtout pour éviter d'être oublié ou peu (re)connu !

Je rajouterais, à cette esquisse d'intentions et de désirs variés : « Le fait de se situer au-delà du temps qui passe, au-delà du Tango, au-delà des abus

de langage et des vilains commérages semble souhaitable pour protéger sa silhouette aux formes souvent juvéniles... qui dessine des arabesques au cœur d'une danse pour les yeux de l'esprit (sans oublier de garder l'esprit large, et non à « l'é-trois »), pour mieux jongler avec la vie. »
Excusez-moi, j'aime parfois me citer...

Le Noyau central de l'être à valeur 4

- Une intention essentielle d'incarnation qui parle de bâtir sur des fondations solides et de sauvegarder les réalisations passées.
Et plus généreusement de spiritualiser (et ritualiser) la matière, comme pour tenter de rencontrer Dieu au sein du plus concret, du plus terre à terre.

Un « projet de vie » concernant de vrais engagements dans le classement des choses, dans leur structuration ou leur « réalignement ». Tous ces beaux rôles de contrôle ou de gestion des normes officielles ou des règles ce « bon fonctionnement ». Ou, par ailleurs, devenir un artisan efficace riche de superbes réalisations.

- Des motivations profondes qui peuvent pousser à avancer de façon lente et tenace et d'opter pour des outils ou matériaux robustes et durables. Une notable envie de faire des réserves... pour résister aux « aléas futurs » ?
Une sacrée envie de se perfectionner, en toute exigence et avec une certaine pondération dans la démarche personnelle. Cela au sein de chemins bien balisés et bien entretenus

- Un fil directeur concernant des élans intérieurs qui poussent à « rester très règlo », dans un style plutôt sérieux et à avancer de façon cartésienne emprunte de ténacité légendaire. Une recherche de densité, et de solidité remarquable, semble caractériser ces élans dignes d'une louable « force tranquille ».

- Une invitation à respecter un fort besoin de trouver sa place et de l'investir avec efficacité et persévérance. Un besoin louable d'organiser la vie autour d'une certaine sécurité matérielle et de jouir d'un espace personnel (un « cadre à soi ») clairement délimité et protégé.
Cela dans le respect de « balisages bien sages » accompagnés d'une démarche régulière, investie en toute probité, et avec des techniques qui ont fait leurs preuves.

En un mot : une conscience si consciencieuse qu'elle mériterait une médaille ! Histoire d'avoir bien travaillé à discipliner l'insondable qui habite le monde intérieur

Le Noyau central de l'être à valeur 5

- Une intention essentielle d'incarnation qui parle d'oser s'engager et vivre hors des sentiers battus, et en expérimentant divers chemins de liberté ou de libération.
Un « projet de vie » où l'exploration de l'inconnu, de l'inattendu voire de l'inconcevable auraient une grande place. Cela au sein de divers rôles remettant en question toutes ces références classiques ou habituelles qui aliènent toute progression personnelle.
C'est-à-dire oser s'affranchir de ces reproductions induites ou automatiques un peu trop « tristounettes » ou « poussiéreuses »...

- Des motivations profondes qui peuvent inciter à « oser la différence » et à se démarquer des systèmes de pensée par trop classiques, des principes et croyances dépassés ou « périmés ».
Des motivations intérieures dynamiques, voire « électriques » qui poussent à « oser changer la vie », et à redistribuer les cartes de façon inattendue et « décoiffante ».

- Un fil directeur concernant des élans intérieurs qui entraînent de belles mises en mouvement de façon diverses et variées. Et à assumer les turbulences qui peuvent résulter de ces expériences de haut vol... Ou de ces expéditions sauvages ?
Des élans « oxygénés » qui n'ont pas l'habitude de se gêner pour bouleverser ou ébranler ce qui serait resté un peu trop dans l'ordre établi. Histoire de bien « secouer le prunier » (en évitant de « se prendre une prune » !). Histoire de « renverser la table » du notable, ou de troubler certaines autorités trop autoritaires...

- Une invitation à respecter un fort besoin d'air, un fort besoin de découverte de l'inattendu voir de l'inconcevable. Un besoin de tout comprendre, analyser, raisonner. Articuler le « pourquoi » avec le « comment »... Sans commentaires ?
Une invitation à bien équilibrer en soi cette fameuse « libre circulation de l'énergie », en particulier concernant la sexualité. Et s'orienter, pourquoi

pas, vers des voies initiatiques en la matière et des techniques tantriques.

Et un dernier conseil suggérant, au fil de ces scénari de « Grande évasion », ou à bord de ces beaux avions voltigeurs, de garder la tête froide. Et d'éviter de brasser trop d'air de façon stérile et si peu économe en énergie ! En effet, des mises en mouvement trop mouvementées, ou dispersées, peuvent nuire à la cohérence des choses (une « co-errance» risquée)... Voire aussi nuire à la santé ?

Le Noyau central de l'être à valeur 6

- Une intention essentielle d'incarnation qui parle d'oser s'orienter en premier vers l'amour, à sentir l'amour, à vivre l'amour sous toutes ses formes. Un « projet de vie » où il s'agit de développer paix et harmonie en soi et autour de soi. C'est-à-dire mettre du cœur au centre des rapports humains, voire au centre de l'humain.

Un grand désir d'avancer en toute vérité avec les sentiments ressentis et pleinement vécus (au-delà des diverses injonctions mentales du moment).

En un mot : oser vivre une vraie paix, développer cette paix, prôner cette paix de façon tranquille et confiante. Cela au sein d'un cocon, doux et chaleureux qui ne demanderait qu'à faire revivre la beauté et l'innocence du « Jardin d'Eden »...

- Des motivations profondes qui peuvent inciter à tout faire pour rester dans une belle disponibilité aux cadeaux de la vie. Tout en s'offrant la possibilité de développer un bienvenu lâcher-prise, favorisant les subtils messages du corps et toutes les « gestations intérieures » sources de bonheur et de joie profonde. Et l'art de se mobiliser au niveau de ce qui concerne la « qualité d'être », la qualité de vie.

Une façon de choisir de voyager au pays du « Corps vivant », le tout, bien évidemment à l'écoute du cœur... Sans oublier ce fort désir de mettre des rondeurs partout où cela s'avère possible.
En un mot : favoriser l'amour régénérateur. Tout en évitant les attachements excessifs ou emprisonnants !

- Un fil directeur concernant des élans intérieurs soutenus par une belle recherche de confort et d'harmonie naturelle. Et avec le souci de laisser vivre et s'épanouir de mémorables scenari romantiques ou passionnels.

Des élans qui peuvent pousser à s'engager dans le domaine d'une « écologie intérieure » autant que dans une écologie planétaire. C'est-à-dire une relation à soi et au monde riche de l'envie d'échanges équilibrés et d'une bienveillance lucide.

Une façon de faire confiance à la vie et d'accepter le plus souvent possible de se laisser porter par le courant (chaud ?) de l'existence libérée des vieux schémas de souffrance et des limitations mentales.
Une vraie envie de renaître chaque jour au langage du corps et une meilleure relation à soi dans l'instant présent.

Tout cela pour oser vivre la tendresse au cœur d'élans subtils et sages en accueillant les saveurs du corps et les douceurs du cœur. Et en laissant vivre ces élans gourmands prêts à accueillir les cadeaux de la vie.

- Une invitation à respecter un fort besoin d'air, un fort besoin de chaleur humaine et de protection douce.
Un besoin de sensualité complice, de contact intime avec l'autre (toucher et être touché : « Laissez-vous toucher : votre peau vous apprendra » !).

Sans oublier ce besoin du « retour à la nature » (et à sa vraie nature ?) favorisant un équilibre épanouissant et le besoin de savourer les plaisirs de l'existence.

En ce qui concerne le plaisir, le nombre 6 te fait de nombreuses propositions, je t'en transmets un bon nombre :

- Rencontre ton plaisir… pour le plaisir. Lorsque le plaisir est là déguste-le sans modération. Ose tisser du plaisir raffiné sans chaîne ni rien qui se trame. Opte pour une insoutenable légèreté du désir et du plaisir. Habite ton plaisir. Fonds-toi dedans. N'oublie pas de libérer de la place pour le plaisir. Et câline ta vraie nature de plaisir…

Le 6 est lié aussi au 5 sens (avec le 6e ?) :
- Ose le jeu subtil de tes sens pour donner un sens à un bel art d'aimer et à une vraie créativité sensuelle. Invente de nouveaux éveils des sens. Écoute

la symphonie des sens, sans sens interdits. Joue dans tous les sens… avec tes sens ! Et caresse l'amour dans le sens du (au)poil ! Offre-toi les cadeaux de belles sensations fines et amoureuses.

Le 6 parle donc aussi, et bien sûr, de sensualité :
- Prends en main tes beaux désirs sensuels. Pars à l'aventure savoureuse d'une nouvelle communication sensuelle. Libère une belle créativité sensuelle et lâche tes vieux tabous périmés. Et offre à l'autre un bon coup de main sensuel baigné d'amour.

Et finalement, je t'offre les ultimes conseils du 6 :
- Pose-toi au cœur de tes tendresses respectives. Laisse vos corps s'enlacer sans vous en lasser. Teste de nouvelles musiques du cœur. Ayez l'un et l'autre le cœur sur la main et mettez du cœur au sein d'un vrai toucher sensible. Mets du cœur au bout de tes doigts, et lâche les « Je dois » ! La caresse est une invitation divine et une prière hautement spirituelle…

Le Noyau central de l'être à valeur 7

- Une intention essentielle qui évoque le fait d'avancer dans la voie de la connaissance et de la maîtrise des savoirs (au-delà des pièges de l'intellect et de ses hiérarchies fictives).

Un « projet de vie » qui donne priorité à la prise de conscience des choses et des êtres et où une grande place serait consacrée aux études et à la réflexion profonde. Cela avec force logique et dans un cadre de pensée sécurisant.
Histoire de mettre en place une sérieuse bibliothèque classifiant le vivant.
Histoire de permettre que se livrent de beaux enseignements dignes de ce nom.
Et que s'organise un vrai « chemin d'écoute de la voix intérieure ». Avec des choix d'engagement qui pourraient aller du rôle de professeur à celui d'écrivain, en passant par des rôles de psychologue ou philosophe, jusqu'à des vocations monastiques ou des transmissions spirituelles.

- Des motivations profondes qui peuvent inciter à travailler avec et sur les abstractions pour en tirer petit à petit des lois et des codes précis pour encadrer savoirs et classifications mentales.

Une grande envie d'aller vers la « connaissance de soi » au-delà des petits schémas de pensée ordinaires ou superfi-ciels (oser se rapprocher du ciel par l'élévation intérieure ?). Cela au sein de grands programmes mettant en place une sérieuse « structuration mentale » personnelle... À l'épreuve du temps ? Ou à la recherche du temps perdu ou d'un environnement le plus cartésien possible...

En un mot : choisir de favoriser la « tête bien faite » plutôt que la « tête bien pleine » ! Choisir plutôt la démarche structurée par de solides arguments et justifications plutôt qu'une pratique intuitive et inspirée, vite qualifiée de floue ou d'imaginaire.
Choisir un cheminement encadré par une forte raison et balisée par des repères psychologiques ou religieux qui auraient fait leurs preuves.

- Un fil directeur concernant des élans qui poussent à s'engager et à s'orienter (boussole dogmatique en main ?) vers un mode d'accès personnel et prioritaire au savoir. En favorisant la quête de l'essence-ciel.
Cela à travers de longs moments d'introspection ou de méditation solitaire. Comme pour favoriser de beaux instants riches d'un certain « ici et maintenant », emprunts de gravité et de persévérance inté-rieure (et des aspects « peu rieurs » ?).
Des élans qui incitent à rester toujours prêt intimement... à l'analyse psychologique, à la recherche du « pourquoi », ou de la compréhension précise du fonctionnement humain.

- Une invitation à respecter un fort besoin de clarification mentale des choses et de classement des données. C'est-à-dire ce besoin de « mettre en ordre » les idées et les cogitations les plus sélectionnées.
Avec l'envie (pressante ?) d'organiser ou programmer ce qui pourrait se révéler être un cadre propice aux transmissions métaphysiques et spirituelles (transmissions évitant peut-être toute mission, ou prosélytisme moral ou religieux ?).

Cela en préférant la ligne droite d'un point à un autre plutôt qu'un tracé erratique, mouvant ou « contournant ». Cela en privilégiant cette recherche de vérité (en évitant de rester coincé dans des dogmes ou des croyances périmés). Un besoin de « fermeté » souvent perçu comme de la dureté ou de la rigidité.

Sans parler du réel besoin de planification et de sécurisation mentales. Le besoin de s'appuyer sur des références intellectuelles et des croyances stables.
Et finalement, un grand besoin de réfléchir longuement avant d'agir. Besoin de bien « savoir » avant d'oser, connaître avant de sentir.
Histoire de rester assidu à cette quête intérieure de l'essentiel en soi-même…

Le Noyau central de l'être à valeur 8

- Une intention essentielle d'incarnation qui parle d'oser transformer les choses et les êtres et s'engager dans une « Course au trésor » aussi extérieure (sur le terrain financier ou dans de grands chantiers), qu'intérieure (au sein d'une démarche spirituelle de métamorphose ou transmutation profonde). Un trésor qui peut se révéler être celui que « l'alchimiste » découvre au cours d'une longue et passionnante « quête intérieure ».

C'est-à-dire oser partir en croisade par des chemins non balisés, parsemés d'affrontements mémorables ou de batailles pour plus de d'égalité et de stabilité.
En résumé : permettre à la puissance du ciel de rencontrer celle de la terre. De façon à équilibrer « le haut avec le bas » et de favoriser un beau « tissage des énergies » propice aux meilleures guérisons.

- Des motivations profondes qui peuvent inciter à dénoncer les manipulations les plus courantes et les jeux de pouvoirs les plus grossiers. Une envie d'utiliser sa propre puissance et ses meilleures stratégies personnelles pour lutter contre les injustices les plus flagrantes et jouer les redresseurs de torts.

Sans oublier une réelle et honorable utilisation de l'argent, et les possibilités d'investissement qu'il permet, pour ne plus dépendre du pouvoir des autres et avancer de façon constructive et libre.
De fortes motivations amenant à s'atteler à des montagnes de travaux et à conquérir de nouveaux espaces pour le bien de tous.

- Un fil directeur concernant des élans intérieurs qui peuvent pousser à s'engager avec bravoure et courage dans la « bataille de la vie ».
Cela sans rester « accro » aux rapports de force ou « drogué » aux combats

singuliers pas toujours réguliers... Sans chercher à écraser les autres en entretenant divers jeux de pouvoir aux finalités discutables. Mais plutôt à confronter les enjeux matériels liés au statut social et même tenter de leur donner une dimension spirituelle...

Donc, des élans à bien maîtriser. Histoire d'apprendre à gérer avec lucidité et sagesse sa propre puissance, et éviter les réactions un peu trop fortes ou un peu trop récurrentes. C'est-à-dire effectuer un certain travail sur la relation aux extrêmes, et éviter les jugements à l'emporte-pièce ?

- Une invitation à respecter un fort besoin de se lancer dans de grands défis où il est question de bâtir, de conquérir, de protéger ou de sauvegarder. Un fort besoin de se battre et de s'engager sur le terrain. Histoire de ne jamais s'ennuyer et de valoriser cette belle image de héros-justicier (ou de « Zorro »), de dynamiser le vaillant chevalier dont l'armure pourrait rouiller...

Une manière d'utiliser la force de façon juste et équilibrée. Une force qui peut s'avérer bienvenue dans les situations de conflits (d'intérêts ?) et de luttes de pouvoir.

Finalement : un besoin de construire (au lieu de détruire), un besoin de s'engager à soigner, voire guérir (sinon les énergies se retournent contre soi et génèrent la maladie). Un grand besoin d'avancer contre vents et marées (sinon c'est le « recul d'Her-cule »). Un grand besoin de « trancher les choses » rapidement. Et parfois sans états d'âme ?

Le Noyau central de l'être à valeur 9

- Une intention essentielle d'incarnation qui a surtout pour but d'aider les autres et qui amènerait à s'engager dans des actions collectives, humanitaires, sociales, voire spirituelles.
Une belle intention de participer à l'élévation ou à l'élargissement de la conscience (ce que certains appellent « l'éveil des consciences »). En osant développer une vision universelle des choses.
Juste éviter d'être par trop déconnecté (ou « hors sol »), ou égaré dans certaines « hautes sphères » planantes ou illusoires.
Et par ailleurs, essayer de faire des symboles de sacrés alliés (lorsque le saint bol devient un joyeux Graal ?).

- Des motivations profondes qui peuvent inciter à développer et peaufiner une réelle capacité à être utile aux autres, voire au service des autres en toute générosité et bienveillance. Ou l'art de bien répondre à leurs demandes et parfois sans contrepartie. Juste ne pas tomber dans le « complexe du soi-niant » qui en oublie de s'aider lui-même... en cédant à toutes les demandes !
Il y a ici de belles envies de jouer les « SOS Assistance tous terrains » sans aucune discrimination.

Et peut-être des motivations qui amèneraient à rester à l'écoute de messages planétaires ou « d'intuitions connectées » à d'autres plans ou niveaux de conscience ?
Histoire de favoriser la venue de « jours neufs » et le renouvellement d'un « Grand Soleil » au cœur de l'Homme...

- Un fil directeur concernant des élans intérieurs qui peuvent pousser à s'engager dans des projets d'entraide et de sauvegarde aux aspects humanistes et solidaires. Des élans riches de tolérance et de fraternité.

Histoire de s'éloigner de tous les racismes, de toutes les exclusions ou fermetures aux autres. Histoire de dépasser (ou « effacer ») les « Murs de Berlin de la conscience » qui existeraient encore dans le décor.
Et par ailleurs faciliter le développement subtil de l'intuition... Sans rester, bien sûr, parasité par de récurrentes illusions.

- Une invitation à respecter un fort besoin d'être entouré, de se mêler à des groupes et de se régénérer au cœur de belles manifestations « d'amour universel ».
Sans oublier de s'abreuver aux messages de l'inconscient collectif si riche de tant de grandes causes universelles généreuses et bienvenues.

Par ailleurs, notons ici un grand besoin de dialoguer, ou de jouer, avec diverses « Synchronicités » qui peuvent témoigner, ou confirmer, l'existence d'un bon taux vibratoire (qui pourrait leur être propice).
Histoire de bien entretenir ces belles « antennes Hi-Fi », ces récepteurs « haut de gamme », permettant de s'ouvrir au monde, et de rester à l'écoute des grands courants de société et d'évolution humaine.
Juste éviter, bien sûr, de « faire l'éponge », et de se retrouver embarqué dans certains naufrages émotionnels collectifs.

Sachant que la compassion juste n'est pas obligée de rimer avec apitoiement, pitié ou tendance à se faire manipuler (par des victimes transformées en bourreaux ?), ou à se faire avoir en toute naïveté…

Et parfois un besoin de rester dans les abstractions sources souvent d'abstraction de soi !
En imaginant un « Dieu intérieur » qui aurait un « cœur gros comme ça » où il y aurait tant de place pour tout le monde.

Finalement, on peut considérer ici que l'imaginaire est riche et fécond… Même lorsqu'il ne cherche pas à avoir un prix.
Un dernier conseil : éventuellement éviter la « gonflette spirituelle », qui amène souvent à se dégonfler au premier obstacle matériel ou conjoncturel…

Rajoutons que nous avons ici un NCE qui invite à rencontrer au cœur de ses ombres cette lumière porteuse d'espoir, de paix et de riche chaleur humaine. Là où la conscience peut se libérer des boulimies oniriques (ou « holographiques »)… Et se préparer à accueillir la grâce.

À noter : pour d'autres détails concernant les « NCE » tu peux te reporter au chapitre concernant le « Noyau central de l'être », pages 111 à 131 dans *Amour et numérologie.*

Voir par ailleurs l'exercice (couleur) du NCE en fin de livre.

7

LE CHEMIN DE VIE

Le « Chemin de vie », que j'appelle « Chemin d'en-vies », est un Poste-clé classique, voire incontournable. Je te présente ici ma manière de l'aborder, avec les compléments que je lui ai apporté.

LE CHEMIN DE VIE YANG, les premières pistes proposées

Ce premier Chemin d'en-vies, t'invite à oser diverses envies dans la première partie de ta vie (environ jusqu'à 40 ans).
Les suggestions qu'il met à ta libre-disposition, concernant ta progression personnelle t'invitent à l'aventure et à la découverte de nombreux possibles.

En aucun cas, bien sûr, les nombres de ce Chemin de vie ne t'obligeraient à quoi que ce soit ! Sinon, mets vite cela à la poubelle, et offre-toi un peu plus de liberté. La liberté, par exemple, d'expérimenter un autre (ou plusieurs autres) Chemins de vie.

Calcul de ce premier Chemin de vie

Additionne verticalement (comme à l'école primaire ?) les chiffres de ton Jour de naissance, ton Mois et ton Année de naissance.
Tu obtiendras un nombre à 4 chiffres, que tu peux éventuellement réduire à deux puis à un chiffre.

À noter : c'est le nombre situé aux unités qui sera « prioritaire », suivi par celui des dizaines, puis des centaines etc. En fait, les deux derniers nombres me semblent plus intéressants que le nombre final réduit. Là encore, tu pourras peaufiner les propositions avec les qualifiants (de l'Inclusion) concernant ces nombres. Eh oui ! La Carte d'invitations a la possibilité de moduler, qualifier, de préciser, les 9 nombres de base (les 9 cases) qu'on retrouvera partout dans le thème.

Ces nombres ici te suggèrent une certaine « progression de surface » (comme une route habituellement visible et dont tu peux plus facilement prendre conscience). Une progression à aborder à ta manière, avec tes « spécificités » et suivant ton environnement de vie familial, professionnel, social. Là aussi, le « panel » est large. Et nombreux sont donc les styles de vécus, de ressentis possibles…

LE CHEMIN DE VIE YIN, la suite des pistes proposées

Il t'invite à oser diverses envies dans la deuxième partie de ta vie (environ à partir de 40 ans).
Une approche plus « mature » que pour le premier Chemin de vie, et qui peut tenir compte de l'expérience (ou des expériences) tentées et vécues dans celui-ci.

Si cette première phase t'a satisfaite, et t'a permis d'avancer vers ton épanouissement personnel, tu peux, plus favorablement aborder sa suite. Sinon, il peut être judicieux de « boucler un peu mieux la boucle » de cette phase précédente, pour entamer avec plus d'atouts personnels sa suite.

Sachant, là encore, que tu as le choix de faire le bilan que tu souhaites profondément (on a toujours plus de choix qu'on le croit, non ?). C'est-à-dire le choix d'oser, ou non, tirer les belles leçons, ou prises de conscience des années passées.
Et parfois, oser modifier les croyances que tu as te concernant, les a-priori qui habitent tes initiatives ou non-initiatives, et les peurs encore présentes dans ton petit monde intérieur.

Ta vie t'appartient, tes Chemins de vie t'appartiennent, même ceux qui n'auraient pas été codifiés ou mentionnés dans ton thème.
Un peu de liberté, que diable !

Calcul de ce deuxième Chemin de vie

Additionne horizontalement les chiffres de ta date de naissance.
Tu obtiendras un nombre à deux chiffres.
Ces nombres te suggèrent une « progression sous la surface » (Sous les pavés la plage ?). Des propositions liées à un cheminement plus profond, plus inconscient.

C'est pourquoi ce deuxième Chemin de vie offre des pistes plus subtiles, plus essentielles. Et dans une phase de plus grande maturité (en tout cas c'est à souhaiter !).

À noter : comme pour le premier calcul, c'est le nombre placé aux unités qui donne le ton, et dont les messages et invitations sont les plus importantes, souvent plus que le nombre final réduit (et plus communément utilisé, à mon avis de façon plus « grossière » ou « par trop générale).

LE CHEMIN DE VIE ZONE CENTRALE, une aide à disposition

Il t'offre la possibilité de faire une petite synthèse des deux axes proposés. Ses pistes sont moins importantes, car issues de nombres réduits, mais gardent leur utilité pour suggérer un axe, une « ligne de repérage » dans ta progression personnelle.

Cette « zone centrale » complète donc les diverses incitations déjà envisagées au niveau de ton Chemin de vie.

Calcul de ce troisième élément du Chemin de vie

Additionne verticalement ta date de naissance, mais cette fois-ci avec ton jour, ton mois et ton année de naissance préalablement réduits.

Le résultat est un nombre à deux chiffres, parfois à un seul chiffre.
Là encore, il est possible d'affiner les propositions en tenant compte du qualifiant (Inclusion de base) du ou des nombres obtenus.

LA PROPOSITION DE CENTRAGE, le dernier élément

Cette proposition au départ prévue pour être un « 4e Chemin de vie », s'est révélée une sacrée invitation, une belle piste pour oser un certain style de développement personnel, un beau cheminement de « travail sur soi ».
Parfois je me demande s'il n'est pas plus important ou plus essentiel que les trois autres calculs concernant le Chemin de vie.

À noter : chacun des 3 premiers calculs du Chemin de vie se réduisent tous au même nombre. Ce dernier calcul est lui, généralement différent une fois réduit. J'invite, en tout cas à prêter une attention particulière à ce « nouvel arrivant » !
(Voir l'exercice en couleur du Chemin de vie en fin de livre).

Calcul de ce quatrième élément du Chemin de vie

Additionne verticalement le Chemin de vie Yang avec le Chemin de vie Yin, et avec la Zone centrale. En utilisant les nombres non réduits.

Le résultat étant un nombre à quatre chiffres, il t'est conseillé de surtout tenir compte des deux derniers chiffres (unités et dizaines) et de le « moduler », comme d'habitude avec leur qualifiant de l'Inclusion de base.

L'exemple de Julie :

Nous partons de sa date de naissance.
Et effectuons le Calcul vertical-Yang :

$$\begin{array}{r} 26 \\ 9 \\ \underline{1981} \\ 2016 \end{array}$$

Son Chemin de vie Yang est donc 2016 qui peut être réduit à 9.

Le nombre 6 offre les propositions les plus importantes.
Il est qualifié (modulé) par le nombre 2
(dans sa Case 6 de son Inclusion de base)

Ensuite le nombre 1 complète celle du 6.
Il est, quant à lui, qualifié (modulé) par le nombre 3
(dans la Case 1 de son Inclusion de base)
Le nombre 2, en place moins importante offre quelques pistes supplémentaires, ainsi éventuellement que son qualifiant 1.
Pour finir, on pourra tenir compte du 9 issu de la réduction, et donc très moyennement significatif ici, là aussi avec une modulation de type 2 (Case 9 de son Inclusion)

En résumé : importance du 6, puis du 1 (nombre très différent), sans oublier le 2 qui apparaît finalement 3 fois (le 2 de deux mille et accompagnant surtout le 2 et le 9)

Pistes d'interprétations de son Chemin de vie Yang

Le nombre 6, très doux, très féminin, l'invite dans une première partie de son cheminement à se confronter à une École de vie où elle pourrait apprendre (si elle le veut) le plaisir d'être bien dans son corps. Ainsi que s'orienter vers l'ouverture du cœur, l'art du beau et du confortable. Sans oublier l'écoute de sa vraie nature, et la mise en harmonie avec la nature (conscience écologique).

Le nombre 2 rajoute ses conseils (à appliquer) qui vont tout à fait dans ce sens : écoute et développement de sa sensibilité. Entretien de sa belle intuition. Respect de son besoin de « cocon » (ou cocooning). Et de beaux élans de romantisme à disposition…
Le tout avec le désir de prendre parfois des initiatives personnelles, pour mettre tout cela en mouvement (le 1), et avec un zeste de fantaisie et de souci de son look personnel (le 3)

-Effectuons maintenant son Calcul horizontal-Yin :
Notons sa date de naissance et additionnons horizontalement
tous ses éléments.

2+6+9+1+9+8+1= 36 que l'on peut réduire à 9

Notons que, dans l'ordre d'importance, le 6 est qualifié par un 2, le 3 quant à lui est qualifié par du 6, et le 9 final lui aussi par du 2.

Pistes d'interprétations de son Chemin de vie Yin

Nous retrouvons ici le nombre 6 dominant dans son Chemin de vie Yang. Aussi, il lui est proposer de continuer à l'école de vie 6 dans la seconde partie de sa vie. Ainsi peu de ruptures dans la progression qui lui est suggérée.

Notons que le 6 reste modulé par le 2 lui accentuant ainsi ses composantes féminines de besoin de tendresse, de douceur et d'harmonie, dans ce décor très « aquatique » (Le 2 nombre d'eau de mer, le 6 nombre d'eau douce).

Ensuite le nombre 3 montre son nez et ses velléités d'expression solaire, d'ambiance animée (et musicale), de couleurs vives et variées. Précisons que ce 3 étant qualifié par un 6 (tiens, tiens, tiens !) propose plutôt une musique douce, des couleurs pastelles, et des expressions de soi de préférence feutrées…

En résumé, ce double 6 accompagné d'un double 2 propose à la place d'un 16 parfois lié à l'ascèse, 36 chandelles de joie, d'harmonie relationnelle, d'amour… et de bonheur ?

En tout cas, ces propositions d'écoles de vie lui sont faites (avec amour ?) à elle de plonger dans ce joli bain, à elle d'oser se mouiller et expérimenter… sans modération. Le résultat sera, bien sûr, ce qu'elle en fera !

Calcul de sa Zone centrale

26 le nombre de son jour se réduit à 8
9 le nombre de son mois reste identique
1981 nombre de son année de naissance se réduit à 19 puis 10 puis 1

Nous avons ainsi :

$$\begin{array}{r} 8 \\ 9 \\ +\ \underline{1} \\ 18 \end{array}$$ qui peut être réduit à 9

Interprétation de sa Zone centrale

Pour compléter les pistes offertes à Julie par son Chemin de vie Yang et son Chemin de vie Yin nous avons les propositions du nombre 18.
En particulier celles du 8 (qualifié par un zéro), puis du 1 (qualifié par du 3).
Le 8 l'invite à oser sa « puissance féminine » et développer son « pouvoir de se réaliser » et de réaliser de belles et notables œuvres.

Ces invitations sont renforcées par la puissance du Zéro qu'il lui reste à maîtriser et à équilibrer.
Le 1 (avec son qualifiant 3) rajoute une note de « pep's », une dynamique (ou feu) à sa disposition dans cette école de centrage, et de positionnement personnel.

Cette Zone centrale l'invite à ne pas oublier de structurer et d'aligner ses beaux élans de type 6. D'apprendre à discriminer, évaluer (voire trancher) au sein de cette superbe école féminine de « luxe, calme et volupté ».
Le 8 et le 1 n'ont pas l'habitude de se laisser marcher sur les pieds et le côté « gentil, gentil » (ou « bonne poire ») du 6 et du 2 précédents se retrouve ici densifié, et adjoints d'une guerrière de la paix ou d'une héroïne sans concessions. Ce ne sont que des pistes supplémentaires (non dominantes).

On pourrait rajouter une dernière « touche de 9 » toujours qualifié par le 2 pour diluer, et élargir en tolérance et confiance cette zone centrale plutôt prompte à tenter l'efficacité qu'à se laisser aller à la rêverie…

Calcul de sa Proposition de centrage

Le Chemin de vie Yang + Chemin de vie Yin + Zone centrale, soit :

2016	
36	
18	
2070	qui peut être réduit à 9

Interprétation de cette Proposition de centrage

Pour Julie, cette piste de développement personnel ou de travail sur soi recèle une belle puissance à mettre à profit concernant les pistes du nombre 7 puis du 9 à nouveau (sans oublier le 2 qui se glisse deux fois dans le paysage).

Cela, à condition de bien confronter les exigences ou les leçons du nombre 7. C'est-à-dire oser certains questionnements personnels, s'engager dans un travail psychologique et des études ou réflexions à ce niveau, en toute équanimité, en toute recherche d'équilibre.

C'est ce qui est demandé par les 3 zéros de cette proposition. Le zéro qui accompagne, aux unités, le 7, le zéro qui qualifie ce 7, et le zéro qui accompagne le 2.

Le 9, quant à lui, invite à nuancer le tout, à oser une vision plus large, plus universelle des choses. À permettre aux diverses prises de conscience possibles pour Julie de se transformer en « ouvertures de conscience » (ou en « lâcher de conscience » ?).

Une alternance : d'un côté le travail en solitaire (le 7), et de l'autre l'engagement au sein d'un ou plusieurs groupes (le 9).
Ou comment faire du 9, « sept » fois-ci en s'appuyant sur un enseignement ou des techniques psychologiques (ou méditatives) traditionnelles…

L'exemple d'Alain.

Né le 15.7.1972
Calcul de son Chemin de vie Yang
Par addition verticale des éléments de sa date de naissance,
nous obtenons 1994 réductible à 23 puis à 5

Calcul de son Chemin de vie Yin

Par addition horizontale, nous obtenons 32 réductible à 5

Calcul de sa Zone centrale

Par addition verticale des éléments préalablement réduits de sa date de naissance, nous obtenons 14 réductible à 5

Calcul de sa Proposition de centrage (développement personnel)

Par addition des trois éléments précédents non réduits (bios),
nous obtenons 2040 réductible à 6

Remarque : aux unités, pour ces quatre éléments nous notons la présence du 4 (Axe yang), du 2 (Axe yin), du 4 à nouveau (Zone centrale), et du Zéro accompagné par un 4 (Proposition de centrage).
Le 4 apparaît donc 3 fois et le 2 une fois.

Notons que le 4 dans le thème d'Alain (voir Inclusion de base) est modulé par du 1, et que le 2 est lui aussi modulé par du 1.

Ainsi, se retrouvent en position forte le 4 et le 1.
Une configuration de style 41 (ou 14)

S'il fallait choisir, pour effectuer une petite synthèse signifiante, je dirais que derrière ce nombre 4, apparemment dominant ici, se cache « en embuscade » le nombre 1.

En effet, dans son Inclusion, le 1 apparaît 3 fois comme habitant (cases 2, 4 et 8), alors que le 4 n'apparaît qu'une fois (Case 3).

De même dans ces 4 éléments du Chemin de vie, le 1 module le 4 en Axe Yang, module le 2 en Axe Yin, le 4 en Zone centrale, et enfin le 4 en Proposition de centrage.

Sans oublier la modulation du 2 de 2040, à cet endroit-là.
Et même, en cherchant dans les petits coins, le 1 module le 2 du nombre intermédiaire 23 en Axe Yang.

Aussi le 4 est bien dominant par sa place, mais le 1 dans son rôle de « modulateur » ou de « qualifiant » montre son nez suffisamment pour qu'on y prête attention.

Notons, pour finir, que de 4 et le 1 sont l'un un nombre Yin-féminin, l'autre un nombre Yang-masculin certes, mais ils sont tous les deux « rétractés », avec un graphisme uniquement constitué de lignes droites (structure, « rigidité », volonté, désir de prendre les choses en main, de diriger, de ne « rien lâcher », etc.)

Aussi, c'est autour de ces deux nombres que nous pouvons proposer une interprétation globale de son Chemin de vie (en quatre éléments).

Même si d'autres nombres sont présents, à des places moins importantes.
C'est le cas du 5 uniquement issu de « réductions », le cas du 2, et encore dans une moindre mesure du 3 et du 6, voire du 9.
- Tentons une interprétation générale (synthèse) concernant les quatre éléments du Chemin de vie d'Alain.

Nous venons de mettre en évidence la position dominante du nombre 4 suivi de près (modulé) par le nombre 1.

Aussi, cette grande « École de vie » (ou « École d'envies ») lui propose d'apprendre à aborder sa vie de façon très terre à terre, à ne pas négliger en chemin tous les éléments matériels, à oser faire du concret, construire ou réaliser du durable.
Cela avec ténacité, sérieux et positionnement personnel.

À noter : le A de son Initiale lié au nombre 1 (voir son « Tableau de bord) l'invite à oser prendre la direction des opérations, et devenir autant que possible « maître de sa vie » et des décisions qui la jalonnent.

En un mot ; développer sa capacité à se tenir debout !
Cela sans renier une certaine sensibilité (2), et une certaine douceur (6), comme sa Proposition de centrage l'y invite.

C'est-à-dire un beau travail de développement personnel consistant à allier tension (1 et 4) et détente (2 et 6), raideur et souplesse, volonté et lâcher-prise, rigueur et détente…

Un beau challenge en perspective, une passionnante école d'unification intérieure et « d'équilibrage personnel ».

8

LES ANNÉES PERSONNELLES

Parmi les cycles ou autres transits de la numérologie (classique), ce sont les Années personnelles qui sont les plus utilisées ou étudiées.

Aussi, je te propose un petit tour au pays de ces fameuses « tranches de vie » qui n'ont rien d'une « numérologie du futur ». Mais que j'ai largement revisitées et reconsidérées, en les resituant, non pas pour je ne sais quelles prévisions inutiles ou « polluantes », mais pour de belles incitations à vivre l'instant présent. Et à prendre en main son destin (ici et maintenant), avec responsabilité et avec la conscience que demain sera le résultat de ce qu'on ose faire aujourd'hui.

Sachant qu'il vaut mieux concrétiser « à une main » aujourd'hui, plutôt que d'attendre de fantasmer à deux mains un demain qui risque de ne pas être un sacré présent (cadeau fictif ?)...

À noter : traditionnellement l'Année personnelle est annoncée comme démarrant (ce n'est pas marrant) le 1er janvier, ce qui m'a toujours posé question, ne vérifiant pas du tout avec les « faits » ou « évènements » vécus cette date ne correspondant à rien.

Aussi, je me suis permis certaines recherches et l'observation de nombreuses « synchronicités ». Ce qui m'a amené à mettre au point une sorte de tableau « Éphémérides » permettant de dater avec précision et pour chacun, chacune le début de chaque année personnelle. Début proposé pour le début des suggestions annuelles qui ne sont en rien des pré-visions ou autres pré-dictions. Mais plutôt des invitations à améliorer la « vision personnelle de conscience » ou une belle façon de « dire ou exprimer » ses envies et ses désirs les meilleurs.

Ces tableaux à partir du jour et du mois de naissance permettent de préciser

le jour du « Nouvel an personnel » (ou « NAP »).
Ce Nouvel an personnel, comme son nom l'indique, invite le sujet à fêter ce jour à l'instar d'un Nouvel an. Et qui s'avère, à mon avis, un sacré moment de sabler le champagne !

Ce jour du « NAP » semble se révéler de cette importance-là. En tout cas plus significative qu'un jour anniversaire. Sachant que le jour anniversaire fête à chaque fois une année révolue, alors que le « NAP » invite au démarrage d'une année à venir.

On ne peut pas changer le passé, on peut construire l'avenir dès aujourd'hui (dès le début de chaque année personnelle). Comme déjà mentionné : l'avenir sera ce que nous en feront. On peut l'aider, cet avenir, à venir chaque jour au cœur d'un quotidien vécu le plus intensément (et consciemment) possible !

Rappelons, encore une fois, qu'ici pas de détermination d'évènements. Pas de prévisions, si toxiques pour l'âme et parasitantes pour l'esprit.
En fait, chaque année personnelle reste l'occasion de pointer certaines choses à confronter, certains aspects de notre vie à améliorer. Histoire de faire avancer le schmilblick personnel…

En aucun cas ce « transit » ne peut décrire à l'avancer un quelconque évènement.
Sauf si on fonctionne comme une marionnette programmée qui n'a pas encore appris à débrancher ces pilotages automatiques afin de passer, enfin, en « manuel » et être capable de tenir sa « propre barre »… Et éviter que tout se barre en c… ?
Ou des annonces péremptoires formulées, au cœur d'une sorte de manipulation plus ou moins consciente, de la part de celle ou celui qui les affirme, ou formule, comme telles.

À mon humble avis, une Année personnelle propose plusieurs « hypothèses de travail » (travail sur soi) et donc à reconsidérer certaines habitudes, certaines croyances pour remettre à jour ses « disquettes personnelles », ses fausses certitudes et ses stratégies personnelles.

Cela au cas où on n'aurait rien senti, rien décelé ou remarqué dans sa propre manière de confronter la vie, ou de communiquer (être réceptif) avec tous les signaux ou « avertissements » qu'elle nous fait ! Au cas où on aurait tendance à reproduire aveuglément certaines erreurs ou handicaps du passé.

Sachant que tout « ratage » peut se révéler source d'enseignement, tout échec source de bel apprentissage, toute petite ou grande catastrophe un « cadeau divin » (utile parfois pour nous réveiller, nous éveiller la conscience, pour nous pousser « hors de notre zone de confort » ou nous sortir, tout simplement de nos ornières ordinaires ?).

Finalement l'intérêt principal de ce type de transit est de rester à notre service dans notre progression vers plus de conscience, de sagesse et de lucidité, nous concernant et concernant la vie. Et non pas pour se faire un cinéma illustrant d'hypothétiques situations à venir ou vécu projeté dans notre petite psyché. Ce qui se révèle à chaque fois être une sorte d'escroquerie mentale peut souhaitable…

En résumé, chaque Année personnelle suggère d'être ou de devenir un coparticipant adulte et responsable de sa propre vie. Donc, je le répète bêtement ; pas de « réalité décrite à l'avance, pas d'emprisonnement mental toujours inapproprié, pas de manipulation sournoise ou déguisée !

Mais au contraire un beau cadeau offert par les nombres incitant à prendre en main les opérations pour aller dans la « bonne direction », celle choisie par le meilleur de soi-même… Et en toute conscience !

Comment calculer et interpréter une Année personnelle

Mode d'emploi : tu ajoutes ton jour de naissance à ton mois de naissance et avec l'année civile que tu choisis de considérer (celle qui est actuelle de préférence).
Tu mets tout ça dans la poêle et ce sera au poil !

Tu obtiendras ainsi (sans que ça colle au fond, ni aux basses-quêtes) un nombre à quatre chiffres. Nombre que tu peux considérer sans réduction (bio), même si, ici exceptionnellement tu as la possibilité d'utiliser ce nombre réduit à un chiffre, pour des considérations « pratiques », et un accès plus direct (simplifié) aux propositions de cette Année personnelle.

Ce qui ne t'empêche pas de t'offrir de belles précisions, ou autres propositions affinées, en te servant des pistes des deux derniers nombres de ce résultat à quatre chiffres et de leurs intéressantes modulations (dans l'Inclusion de base).

Notons cependant au passage, cela m'a été révélé par l'expérience et mes recherches en la matière, que le nombre « qualifiant » de l'Année personnelle réduite semble plus « parlant », et offre des pistes plus importantes que ce nombre « d'AP » proprement dit.

Par exemple, si l'AP réduite à 1, avec ce nombre 1 qualifié par un 2 dans l'Inclusion, la proposition est de mettre en œuvre ce 1 surtout de façon 2.

Comme si le 2 qualifiant prenait le pas sur ce 1 porteur, à priori, des messages ce cette AP 1.
C'est-à-dire démarrer peu franchement et sans grande précipitation, de manière sensible, intuitive et douce. Avec peut-être l'invitation à s'autoriser certains « louvoiements » (ou « demi-tour autorisé »).

Par ailleurs, dans un autre exemple ; plusieurs AP qui se suivent peuvent être qualifiées par un même nombre qui peut être le 1.
Aussi des cases comme la 2, la 3 et la 4 dont l'habitant est le nombre 1 peuvent chacune à leur manière « faire du 1 », c'est-à-dire oser de beaux démarrages, l'une après l'autre. Et à chaque fois au cœur de séquences 1 adaptées au domaine concerné (Cases 2, 3 ou 4).

Un exemple différent : une AP 9 qualifiée par du 1 invite à anticiper les choses, à faire du neuf sans attendre l'AP 1 qui suit. Une suggestion à « anticiper l'appel » et à vite tourner certaines pages ou « accélérer le bilan ».

Autre exemple : une AP 4 qualifiée par du 5 invite à jouer cette année-là de façon mobile, à oser de multiples expériences, à développer ses propres aptitudes au changement. Cela avant « l'arrivée » de l'AP 5.
Ce qui n'est pas habituel (ou traditionnel) concernant une AP 4.
Pour finir, j'ose rappeler qu'il reste toute liberté de mettre en œuvre ce qu'on a vraiment envie au fil de chaque année de vie.

Les pistes offertes à chaque AP ne sont, bien sûr, que des PROPOSITIONS, des INVITATIONS. Elles restent à la libre-disposition de chacun, chacune (en aucun cas elles n'obligent ou ordonnent !). Si on a vraiment

envie d'autre chose, ou le désir d'oser de l'inattendu ou du différent, pourquoi s'en priver ?
C'est en tout cas l'occasion de créer du nouveau, ou de se tester dans des situations qui peuvent être, elles aussi, sources de belles découvertes et de joyeux épanouissements !

L'exemple de Julie

Elle est née un 26 septembre.
Pour l'année 2024 son Année personnelle est :

26 + 9 + 2024 = 2059   réductible à 16 puis à 7

Sachant que le 9 des unités est qualifié par un 2
Et le 5 des dizaines par un 4
Quant au nombre réduit 7 il est qualifié par un zéro

Si on considère, au départ, pour simplifier les pistes, le nombre 7 réduit, il faut tenir compte du zéro qui ouvre le champ des possibles, et l'invite à bien gérer les propositions du 7.

C'est-à-dire d'apprendre à équilibrer cette belle puissance à disposition, et mieux gérer ses habituelles pistes et encouragements. Ici, oser s'engager dans de belles études, ou en prolonger d'autres (selon son âge et sa « tranche de vie »).

Une invitation à tenter certains nouveaux enseignements ou perfectionner ceux déjà commencés. Ainsi que classer sa bibliothèque, par exemple, ou expérimenter d'autre part des sessions de méditation, et des occasions de profondes et favorables de belles prises de conscience.

Cela, en évitant de rester trop figée, ou de demeurer trop rigide dans ses croyances ou options propres. Et en s'éloignant de tout fanatisme ou réflexe par trop conservateur.

Sachant enfin que le zéro outre le fait d'évoquer de nombreux possibles témoigne de grandes potentialités (à « dompter »), les paris restent sacrément ouverts !

Par ailleurs, si on veut affiner les propositions qui lui sont faites concernant cette AP 7, il devient nécessaire de considérer le nombre 59 (de 2059) avec priorité aux propositions du 9 puis du 5.

Le 9 pour cette année invite au bilan personnel, à l'engagement social ou collectif, à l'ouverture de conscience… Et à l'exploration hors du connu. C'est-à-dire concernant l'étranger ou le monde de l'étrange, voire celui de l'inconscient (collectif ?).

Quant au 5, il invite à oser s'aventurer hors des sentiers battus et des habitudes classiques et tenter l'expérience du changement et les surprises de toutes nouveautés.

Ainsi le 9 suggère de « tourner la page ». Et le 5 suggère de son côté de renouveler les choses. Et de retourner la table ?
Notons une forme de similitude entre les propositions de ces deux nombres, assez différents finalement du 7 considéré au départ pour simplifier.

Les propositions du 9 puis du 5 invitent à reconsidérer certains choses (plutôt dans le domaine du savoir ou de l'intellect), à aborder autrement ce qui a déjà été mis en place. Et faire table rase d'un certain passé !
À noter : ces invitations n'apparaissent pas si on considère uniquement le nombre 7 (et son zéro).

Pour aller plus loin et plus en détails, il peut être intéressant de considérer le 9 et le 5 avec leurs qualifiants respectifs : 2 pour le 9 et 4 pour le 5 (dans l'Inclusion de base, je le répète).
Concernant le 9, le 2 l'invite de surcroît à bien (ou mieux) écouter ses intuitions et à oser bien nettoyer son « canal intérieur ».
Et, par ailleurs, à ne pas hésiter à se faire gentiment conseiller ou s'associer au cœur de cette belle démarche.
Concernant le 5, le 4 l'invite à bien garder les pieds sur terre en gérant cet audacieux chantier de rénovation ou de restructuration, voire de « révolution intérieure ».

Il ne s'agit pas de faire le ménage ou de « démolir l'ancien », encore faut-il s'assurer qu'il « n'explose » pas en mille morceaux ! Alors qu'une bonne et sage rénovation pourrait suffire. Avec les conseils d'un bon maçon ?

Remarque : en utilisant les Éphémérides annexées ici on peut lui préciser la date de son NAP (à partir de son jour et mois de naissance, en l'occurrence le 26 septembre) se situant tous les 7 décembre (entre 6 et 12 heures).

Ainsi cette année personnelle 7 (comme d'ailleurs toutes les autres AP) s'inscrira dans la période du 7 décembre 2023 au 6 décembre 2024.

Notons au passage que toutes les AP commencent quelques jours ou quelques mois, suivant les cas, AVANT le premier janvier de l'année considérée.

Pour les natifs du début d'année leur NAP se situera en octobre, ceux du milieu de l'année ce sera en novembre, et ceux de fin d'année ce sera en décembre.

Seuls quelques-uns auront leur NAP proche, ou le jour même, de leur naissance donc leur anniversaire.

Par exemple quelqu'un né le 30 décembre son NAP est le 31 décembre.
Et quelqu'un né le 31 décembre, son NAP est le 31 décembre, donc conjoint à son anniversaire, et cela chaque année.

Et finalement, un dernier exemple : un natif du 1er de l'An a un NAP situé le 1er octobre.
Ainsi, l'un sera au tout début du grand créneau « NAP », et l'autre à la fin de ce créneau. Et tous les natifs se répartiront entre les deux.

L'exemple d'Alain

Il est né un 15 juillet.
Pour l'année 2024 son Année personnelle est :

15 + 7 + 2024 = 2046 réductible à 12 puis à 3

Sachant que dans son Inclusion le 6 des unités est qualifié par un Zéro
Et le 4 des dizaines par un 1

Quant au nombre réduit 3 il est qualifié par un 4…

Commençons, pour simplifier, par considérer le nombre 3 issu de la réduction : ce nombre invite Alain, cette année-là à oser « faire sa pub », à oser dire ce qu'il n'a pas encore eu l'occasion de dire, à créer ce qu'il n'a pas encore pu mettre en œuvre, à se faire de nouveaux amis, ou à recontacter les anciennes connaissances.

Le 3 étant chez Alain qualifié par un 4, cela nous amène à lui suggérer de faire tout cela en tenant bien compte des aspects matériels et concrets liés aux cadres de son expression personnelle, et de ses élans relationnels.

Le 4 l'invite à bien considérer, pendant cette période de créativité, et de mises en situations originales, ce qui a trait au temps et à l'espace.

Par exemple : arriver bien à l'heure pour un rendez-vous amical ou autre. Savoir se situer, donc, au bon moment, au bon endroit.
Ne pas oublier son propre « GPS » intérieur. Et ne pas perdre ses clés, ni celles d'une bonne communication claire et précise.

Ou par ailleurs, proposer des démonstrations claires et cohérentes. C'est-à-dire en évitant les discours ou les témoignages « hors sol », ou les envolées gentiment lyriques mais pauvrement efficaces.

Le 4, d'autre part, suggère d'en rester aux bonnes et vieilles traditions en matière de look, en matière de présentation personnelle, en matière de matériaux et ustensiles (voire de voiture) de préférence classiques ou, du moins, qui ont largement fait leurs preuves !

Donc finalement se cantonner à des communications, ou a des avis utiles et sans fioritures. Oser de l'amusant sérieux, du léger non exempt de gravité. Ou des brins de folie couplés à des intentions radicales. Ou encore avec un sens du jeu… Qui n'oublie pas sagesse et maturité ?

L'alliance du 3 et du 4 (comme toujours lorsque deux nombres se suivent et ne se ressemblent pas) reste un beau et intéressant défi !
C'est ce qu'il lui est proposé de confronter cette année-là.

Sans oublier, bien sûr, dans ces interprétations et propositions, de tenir compte du nombre 46 (qui fait partie du nombre bio 2046), et qui va donc nous amener à « moduler » ou nuancer nos propos.

En effet, le 6 étant en position dominante invite à ne pas laisser de côté les subtils messages du corps, sans oublier ceux du cœur. Ainsi, sensualité, recherche de confort et de bien-être peuvent être aussi « au programme » !

Il lui est suggéré de choisir entre passion et raison, entre plaisir et « obligation », entre douceur tranquille et « montée d'adrénaline ».

Le 4, apparaissant à nouveau, insiste sur la nécessité d'un beau cadre sécurisant pour d'éventuels moments de sensualité : que les gourmands soient à l'heure ! Que les fêtards ne soient pas en retard !
Que les réjouissances soient dignement jouissives ou concrètement vécues avec gravité… et vertu (dans l'instant ?).

À noter : tu pourras retrouver, et beaucoup plus en détails, les Années personnelles dans *Numérologie et mieux-être*, pages 431 à 482. Ainsi que le Nouvel an personnel dans *La Numérologie du bonheur*, pages 213 à 216.

En complément : pour celles et ceux qui souhaitent en rester à des propositions simples et résumées (limite de « l'emporte-pièce » ?), je vous offre ces pistes.

Sachant toujours que « le futur sera votre passé » (et ses reproductions automatiques et programmées). Et que seule la lumière de la conscience peut effacer les vieux schémas de pensée concernant le passé… et donc le désir d'être « addict au futur » ?

Année personnelle 1 : ose tout recommencer

En AP 1 tu es invité(e) à oser affirmer clairement tes options personnelles et à tenter certains pas en avant, de nouveaux projets et de nouvelles expériences.
Le 1 te suggère de te libérer de ce qui limite ta croissance, tes possibilités de positionnent personnel et tes capacités à faire tes choix. Ton exemple personnel vécu est le plus beau cadeau à faire à autrui.
Enfin, le 1 t'invite à ne plus rester soumis aux choix de l'autre ou des autres. Et à être le vrai concepteur de ta propre vie, un pionnier de ton existence et de ta progression.

Année personnelle 2 : écoute tes intuitions

En AP 2, tu es invité(e) cette année à t'écouter réellement et intimement, et à rester à l'écoute des autres. Sans oublier de rester ouvert à tes intuitions les plus variées.

Le 2 te suggère de te libérer de ce qui te rend soumis à l'éventuel chantage affectif de l'autre. Il te propose également de reconsidérer ce que tu prends (à tort) pour des oppositions ou des dualités immuables pour ne plus rester bêtement ni victime, ni bourreau, ni saint(e), ni gentiment assisté(e). Et de te servir de ton ressenti profond pour choisir tes relations amoureuses, professionnelles ou thérapeutiques. Pour induire une belle coparticipation de ta part. Une forme d'accueil des cadeaux de la vie.

Année personnelle 3 : ose communiquer

En AP 3, tu es invité(e) cette année à oser dire ce que tu as sur le cœur. Et à laisser s'exprimer ces parties de toi restées bâillonnées depuis longtemps peut-être par certaines « sourdines » familiales ou des modes d'intoxications médiatiques ou environnementales.
C'est l'occasion pour toi d'apprendre à accorder ton look à ta vraie nature sans crainte du qu'en dira-t-on. Et à écouter ta propre voix (pour pétiller dans ta propre voie).
Le 3 te suggère enfin d'oser aller vers l'autre s'il te plaît, ou si elle te séduit. Il te propose d'être moins dépendant(e) du regard de l'autre ou des autres et de leur reconnaissance possible. Il t'invite à développer tes belles capacités créatives, tes dons de mise en lumière, de mise en forme, de mise en couleurs.

Année personnelle 4 : travaille sur tes peurs et re-nais à toi-même…

En AP 4, tu es invité(e) cette année à concrétiser ce qui te tient le plus à cœur, de façon solide, cohérente et durable.

Le 4 parle d'un certain travail concernant ta structure corporelle, professionnelle et familiale. Il te suggère de mieux connaître tes antécédents familiaux ou racines généalogiques. Sur quoi, par qui, et comment t'es-tu bâti(e) ou construit(e) ?

Une belle année pour débuter un arbre généalogique, une psychothérapie. Et tenter de te libérer de certains secrets de famille ou fidélités limitatives qui freinent ton épanouissement personnel.

Et si tu te posais la question de la place que tu occupes dans le « système familial ». Ainsi que dans ton travail (ou socialisation) et ton cadre de vie en général.
Questions à te poser : « Ai-je droit à mon espace ? Est-il suffisant ? Suis-je payé(e) à ma vraie valeur ? Suis-je finalement respecté(e) ? Suis-je exploité(e) ?
Histoire de sérieusement faire le point !

Année personnelle 5 : l'invitation aux voyages

En AP 5, tu es invité(e) à changer ta manière de voir les choses, et ainsi cette année de t'autoriser à reconsidérer ta vie (en partie ou totalement suivant ton âge et les circonstances).

Le 5 te suggère d'oser plus de liberté personnelle en coupant « les barbelés figés de la Pensée unique ». Une belle période pour tenter le renouveau et l'aventure. Et les belles surprises !

Une incitation pressante à ne plus stagner ou rester coincé(e) sur place. Une belle invitation à ne plus fuir, ne plus te dérober ou démissionner, mais plutôt à oser l'inconnu et l'aventure. C'est-à-dire confronter tes peurs et les traverser.

L'humour ou le jeu (mobile et surprenant) sont à ta libre-disposition pour faire passer bien des messages, t'aider à « ouvrir la porte de ton éventuelle cage »… Et confronter les vents de la vie. En te levant sur tes petites pattes ?

Le 5 t'invite, par ailleurs, à faire le point au niveau de ta sexualité, de ce que tu oses, ou n'oses pas, et à reconsidérer certains « tabous ». En te libérant peut-être de certaines habitudes « castratrices », et des modes de pensées rétrogrades, ou devenus inadaptés. Tous ces contes que tu te racontes pour ne pas jouir… de ta vraie liberté ?

Année personnelle 6 : luxe, calme et volupté ?

En AP 6, tu es invité(e) cette année à oser plus d'amour vrai dans ta vie, et à vivre profondément des élans du cœur, moins ligotés par les marchandages affectifs (ou des « fils à la patte » ?) les plus habituels. Et toutes ces conditions pré-établies qui limitent, ou sabotent, tes vrais désirs amoureux. Il est vrai que le cœur a ses raisons que la raison ne connaît point !

Le 6 te suggère de développer l'harmonie dans ton corps et dans ta tête. Et d'une manière générale dans ton environnement (maison, bureau, terrain d'action).

Tu es invité(e) cette année à te faire le cadeau de certaines thérapies corporelles (massages, soins de confort, dégustations diverses… et un bon stock de vrais chocolats… ou de wisky ?).

Une belle période pour te faire plus largement confiance, et mieux ajuster, en toute finesse, tes échanges amoureux et certaines demandes affectives. En lâchant peut-être le besoin de plaire à tout prix, ou le besoin d'illusoires protections sentimentales. Histoire te t'autoriser à te plaire à toi-même, et donc t'aimer toi « même »…

Cela, afin de mieux accueillir l'amour de l'autre. Aimer l'autre lorsqu'on ne s'aime pas, revient à chercher à donner « ce qu'on n'a pas en magasin » ! Et pour enfin tenter « d'oser l'Amour dans tous ses états… d'âmes » ?

Année personnelle 7 : apprends et comprends

En AP 7 tu es invité(e) cette année à un réel travail sur toi-même, à des recherches psychologique ou philosophiques, et d'une manière générale à la réflexion profonde (sur le sens de ta progression, le sens de ta vie… et de tes envies).

Il t'est suggéré ici de songer à une bonne formation, ou à reprendre ou poursuivre des études sérieuses, ainsi qu'à faire le point de tes connaissances mentales ou apprentissages traditionnels. Que tu sois intellectuel, cadre, artisan, viticulteur, mère au foyer ou chômeur…

Le 7 te propose de sortir des pièges de l'accumulation du savoir ou de la conservation d'idées ou de références figées ou périmées. Surtout lorsque ce lot d'acquis reste coupé de la sagesse du cœur.

C'est une belle année pour comprendre qu'une tête trop pleine risque de te « constiper l'esprit » et d'obscurcir ta conscience de la réalité et des constituants de ta vie.

C'est le moment d'effectuer un travail de distanciation de ces vieilles certitudes mentales ou morales qui n'ont plus cours. Tous ces anciens modèles familiaux ou culturels périmés. Surtout ceux qui peuvent nourrir un certain dogmatisme ou sectarisme de mauvais augure.

Une superbe année pour affirmer sereinement et souverainement ton droit à être ton propre professeur, c'est-à-dire la capacité à t'enseigner toi-même…Et tirer de belles leçons de ta vie (de toutes ses belles écoles ou « épreuves »).

Année personnelle 8 : ose de nouvelles stratégies

En AP 8 tu es invité(e) à t'autoriser franchement à aller au-delà des rapports de force et des luttes de pouvoirs habituels. Et de certaines manipulations plus ou moins sournoises.

Une belle année pour amplifier ton pouvoir sur ta vie afin de ne plus le laisser aux mains de certains spécialistes supérieurs, ou même « aidants », qui s'arrogent trop souvent le droit de savoir, de décider, ce qui serait bon pour toi. Et de t'influencer de manière abusive, voire intrusive.

Tu es invité ici à te prendre en main (sans donner ta main à n'importe qui !) pour chercher, par toi-même à t'épanouir vraiment. Et à trouver de nouvelles pistes de travail, voire de louables soutiens ou d'honorables assistances, qui ne te maintiendraient pas sous dépendance, ou ne te garderaient pas assujetti(e) à on ne sait quelle « autorité du moment ».

Le 8 te suggère de développer petit à petit ton « médecin intérieur », afin de t'orienter efficacement vers une belle hygiène de vie encore plus large et une santé plus durable (et faire faire de belles économies à la « sécu » !).

En abandonnant, bien sûr, tes éventuels avantages ou « intérêts secondaires » à être souffrant ou malade. Et peut-être en trouvant d'autres façons moins nocives ou moins mortifères de t'exprimer ou de dire ce qui ne va pas aux yeux de tes proches (le fameux « mal-à-dire qui se transforme en maladie… ou le manque de mots lorsqu'il y a tant de maux ?).

D'autres stratégies sont possibles. Cette année t'invite à plus de lucidité et de responsabilité à ce niveau.

Année personnelle 9 : ose faire le point et ouvrir ta conscience

En AP 9 tu es invité(e) à élargir tes capacités d'éveil et de favoriser de beaux bilans intérieurs. Cela sans oublier les signes de ces « petits personnages » qui cohabitent en toi-même et participent à ta relation à la vie. Tous ces désirs et élans inconscients qui interviennent dans ta vie. Sans oublier tes idéaux plus ou moins mis de côté, ou dénigrés au sein de tes discours sur toi-même.

En cette année, il t'est proposé de reconsidérer de possibles vieilles difficultés ou différents familiaux, professionnel, voire amoureux, en provoquant certaines discussions, témoignages ou « réajustements » bienvenus.

Par ailleurs, c'est l'occasion de te libérer d'un certain type de relation d'aide trop déresponsabilisante et infantilisante qui perpétue l'assistanat stérile et n'aide pas à s'orienter vers un réel mieux-être.
Que tu sois aidant(e) ou en position d'être aidé. Et si tu es soignant(e) évite juste d'être soi-niant !

Tout cela pour t'inviter à faire de la place (une fois les anciens placards dépoussiérés) à d'autres espaces ou chemins d'évolution. Car « poser ses vieilles valises permet d'avancer plus vite…
Et mieux ?

Mis au point
le 11.11.01

Pour trouver votre Jour du Nouvel an personnel et son créneau horaire...

NAP

1

natif du	Nouvel an personnel	créneau horaire
1er Janvier	1er Octobre	Oh-6h
2 Janvier	1er Octobre	6h-12h
3 Janvier	1er Octobre	12h-18h
4 Janvier	1er Octobre	18h-24h
5 Janvier	2 Octobre	Oh-6h
6 Janvier	2 Octobre	6h-12h
7 Janvier	2 Octobre	12h-18h
8 Janvier	2 Octobre	18h-24h
9 Janvier	3 Octobre	Oh-6h
10 Janvier	3 Octobre	6h-12h
11 Janvier	3 Octobre	12h-18h
12 Janvier	3 Octobre	18h-24h
13 Janvier	4 Octobre	Oh-6h
14 Janvier	4 Octobre	6h-12h
15 Janvier	4 Octobre	12h-18h
16 Janvier	4 Octobre	18h-24h
17 Janvier	5 Octobre	Oh-6h
18 Janvier	5 Octobre	6h-12h
19 Janvier	5 Octobre	12h-18h
20 Janvier	5 Octobre	18h-24h
21 Janvier	6 Octobre	Oh-6h
22 Janvier	6 Octobre	6h-12h
23 Janvier	6 Octobre	12h-18h
24 Janvier	6 Octobre	18h-24h
25 Janvier	7 Octobre	Oh-6h
26 Janvier	7 Octobre	6h-12h
27 Janvier	7 Octobre	12h-18h
28 Janvier	7 Octobre	18h-24h
29 Janvier	8 Octobre	Oh-6h
30 Janvier	8 Octobre	6h-12h
31 Janvier	8 Octobre	12h-18h
1er Février	8 Octobre	18h-24h
2 Février	9 Octobre	Oh-6h
3 Février	9 Octobre	6h-12h
4 Février	9 Octobre	12h-18h
5 Février	9 Octobre	18h-24h
6 Février	10 Octobre	Oh-6h
7 Février	10 Octobre	6h-12h
8 Février	10 Octobre	12h-18h
9 Février	10 Octobre	18h-24h
10 Février	11 Octobre	Oh-6h
11 Février	11 Octobre	6h-12h
12 Février	11 Octobre	12h-18h
13 Février	11 Octobre	18h-24h
14 Février	12 Octobre	Oh-6h
15 Février	12 Octobre	6h-12h
16 Février	12 Octobre	12h-18h
17 Février	12 Octobre	18h-24h

natif du	Nouvel an personnel	créneau horaire
18 Février	13 Octobre	Oh-6h
19 Février	13 Octobre	6h-12h
20 Février	13 Octobre	12h-18h
21 Février	13 Octobre	18h-24h
22 Février	14 Octobre	Oh-6h
23 Février	14 Octobre	6h-12h
24 Février	14 Octobre	12h-18h
25 Février	14 Octobre	18h-24h
26 Février	15 Octobre	Oh-6h
27 Février	15 Octobre	6h-12h
28 Février	15 Octobre	12h-18h
29 Février	15 Octobre	18h-24h
1er Mars	16 Octobre	Oh-6h
2 Mars	16 Octobre	6h-12h
3 Mars	16 Octobre	12h-18h
4 Mars	16 Octobre	18h-24h
5 Mars	17 Octobre	Oh-6h
6 Mars	17 Octobre	6h-12h
7 mars	17 Octobre	12h-18h
8 Mars	17 Octobre	18h-24h
9 Mars	18 Octobre	Oh-6h
10 Mars	18 Octobre	6h-12h
11 Mars	18 Octobre	12h-18h
12 Mars	18 Octobre	18h-24h
13 Mars	19 Octobre	Oh-6h
14 Mars	19 Octobre	6h-12h
15 Mars	19 Octobre	12h-18h
16 Mars	19 Octobre	18h-24h
17 Mars	20 Octobre	Oh-6h
18 Mars	20 Octobre	6h-12h
19 Mars	20 Octobre	12h-18h
20 Mars	20 Octobre	18h-24h
21 Mars	21 Octobre	Oh-6h
22 Mars	21 Octobre	6h-12h
23 Mars	21 Octobre	12h-18h
24 Mars	21 Octobre	18h-24h
25 Mars	22 Octobre	Oh-6h
26 Mars	22 Octobre	6h-12h
27 Mars	22 Octobre	12h-18h
28 Mars	22 Octobre	18h-24h
29 Mars	23 Octobre	Oh-6h
30 Mars	23 Octobre	6h-12h
31 Mars	23 Octobre	12h-18h
1er Avril	23 Octobre	18h-24h
2 Avril	24 Octobre	Oh-6h
3 Avril	24 Octobre	6h-12h
4 Avril	24 Octobre	12h-18h
5 Avril	24 Octobre	18h-24h

NAP suite

2

natif du	Nouvel an personnel	créneau horaire	natif du	Nouvel an personnel	créneau horaire
6 Avril	25 Octobre	Oh-6h	24 Mai	6 Novembre	Oh-6h
7 Avril	25 Octobre	6h-12h	25 Mai	6 Novembre	6h-12h
8 Avril	25 Octobre	12h-18h	26 Mai	6 Novembre	12h-18h
9 Avril	25 Octobre	18h-24h	27 Mai	6 Novembre	18h-24h
10 Avril	26 Octobre	Oh-6h	28 Mai	7 Novembre	Oh-6h
11 Avril	26 Octobre	6h-12h	29 Mai	7 Novembre	6h-12h
12 Avril	26 Octobre	12h-18h	30 Mai	7 Novembre	12h-18h
13 Avril	26 Octobre	18h-24h	31 Mai	7 Novembre	18h-24h
14 Avril	27 Octobre	Oh-6h	**1er Juin**	8 Novembre	Oh-6h
15 Avril	27 Octobre	6h-12h	2 Juin	8 Novembre	6h-12h
16 Avril	27 Octobre	12h-18h	3 Juin	8 Novembre	12h-18h
17 Avril	27 Octobre	18h-24h	4 Juin	8 Novembre	18h-24h
18 Avril	28 Octobre	Oh-6h	5 Juin	9 Novembre	Oh-6h
19 Avril	28 Octobre	6h-12h	6 Juin	9 Novembre	6h-12h
20 Avril	28 Octobre	12h-18h	7 Juin	9 Novembre	12h-18h
21 Avril	28 Octobre	18h-24h	8 Juin	9 Novembre	18h-24h
22 Avril	29 Octobre	Oh-6h	9 Juin	10 Novembre	Oh-6h
23 Avril	29 Octobre	6h-12h	10 Juin	10 Novembre	6h-12h
24 Avril	29 Octobre	12h-18h	11 Juin	10 Novembre	12h-18h
25 Avril	29 Octobre	18h-24h	12 Juin	10 Novembre	18h-24h
26 Avril	30 Octobre	Oh-6h	13 Juin	11 Novembre	Oh-6h
27 Avril	30 Octobre	6h-12h	14 Juin	11 Novembre	6h-12h
28 Avril	30 Octobre	12h-18h	15 Juin	11 Novembre	12h-18h
29 Avril	30 Octobre	18h-24h	16 Juin	11 Novembre	18h-24h
30 Avril	31 Octobre	Oh-6h	17 Juin	12 Novembre	Oh-6h
1er Mai	31 Octobre	6h-12h	18 Juin	12 Novembre	6h-12h
2 Mai	31 Octobre	12h-18h	19 Juin	12 Novembre	12h-18h
3 Mai	31 Octobre	18h-24h	20 Juin	12 Novembre	18h-24h
4 Mai	**1 Novembre**	Oh-6h	21 Juin	13 Novembre	Oh-6h
5 Mai	1 Novembre	6h-12h	22 Juin	13 Novembre	6h-12h
6 Mai	1 Novembre	12h-18h	23 Juin	13 Novembre	12h-18h
7 Mai	1 Novembre	18h-24 h	24 Juin	13 Novembre	18h-24h
8 Mai	2 Novembre	Oh-6h	25 Juin	14 Novembre	Oh-6h
9 Mai	2 Novembre	6h-12h	26 Juin	14 Novembre	6h-12h
10 Mai	2 Novembre	12h-18h	27 Juin	14Novembre	12h-18h
11 Mai	2 Novembre	18h-24h	28 Juin	14 Novembre	18h-24h
12 Mai	3 Novembre	Oh-6h	29 Juin	15 Novembre	Oh-6h
13 Mai	3 Novembre	6h-12h	30 Juin	15 Novembre	6h-12h
14 Mai	3 Novembre	12h-18h	**1er Juillet**	15 Novembre	12h-18h
15 Mai	3 Novembre	18h-24h	2 Juillet	15 Novembre	18h-24h
16 Mai	4 Novembre	Oh-6h	3 Juillet	16 Novembre	Oh-6h
17 Mai	4 Novembre	6h-12h	4 Juillet	16 Novembre	6h-12h
18 Mai	4 novembre	12h-18h	5 Juillet	16 Novembre	12h-18h
19 Mai	4 Novembre	18h-24h	6 Juillet	16 Novembre	18h-24h
20 Mai	5 Novembre	Oh-6h	7 Juillet	17 Novembre	Oh-6h
21 Mai	5 Novembre	6h-12h	8 Juillet	17 Novembre	6h-12h
22 Mai	5 Novembre	12h-18h	9 Juillet	17 Novembre	12h-18h
23 Mai	5 Novembre	18h-24h	10 Juillet	17 Novembre	18h-24h

NAP suite

3

natif du	Nouvel an personnel	créneau horaire	natif du	Nouvel an personnel	créneau horaire
11 Juillet	18 Novembre	Oh-6h	28 Aout	30 Novembre	Oh-6h
12 Juillet	18 Novembre	6h-12h	29 Aout	30 Novembre	6h-12h
13 Juillet	18 Novembre	12h-18h	30 Aout	30 Novembre	12h-18h
14 Juillet	18 Novembre	18h-24h	31 Aout	30 Novembre	18h-24h
15 Juillet	19 Novembre	Oh-6h	**1 Septembre**	**1 Décembre**	Oh-6h
16 Juillet	19 Novembre	6h-12h	2 Septembre	1 Décembre	6h-12h
17 Juillet	19 Novembre	12h-18h	3 Septembre	1 Décembre	12h-18h
18 Juillet	19 Novembre	18h-24h	4 Septembre	1 Décembre	18h-24h
19 Juillet	20 Novembre	Oh-6h	5 Septembre	2 Décembre	Oh-6h
20 Juillet	20 Novembre	6h-12h	6 Septembre	2 Décembre	6h-12h
21 Juillet	20 Novembre	12h-18h	7 Septembre	2 Décembre	12h-18h
22 Juillet	20 Novembre	18h-24h	8 Septembre	2 Décembre	18h-24h
23 Juillet	21 Novembre	Oh-6h	9 Septembre	3 Décembre	Oh-6h
24 Juillet	21 Novembre	6h-12h	10 Septembre	3 Décembre	6h-12h
25 Juillet	21 Novembre	12h-18h	11 Septembre	3 Décembre	12h-18h
26 Juillet	21 Novembre	18h-24h	12 Septembre	3 Décembre	18h-24h
27 Juillet	22 Novembre	Oh-6h	13 Septembre	4 Décembre	Oh-6h
28 Juillet	22 Novembre	6h-12h	14 Septembre	4 Décembre	6h-12h
29 Juillet	22 Novembre	12h-18h	15 Septembre	4 Décembre	12h-18h
30 Juillet	22 Novembre	18h-24h	16 Septembre	4 Décembre	18h-24h
31 Juillet	23 Novembre	Oh-6h	17 Septembre	5 Décembre	Oh-6h
1er Aout	23 Novembre	6h-12h	18 Septembre	5 Décembre	6h-12h
2 Aout	23 Novembre	12h-18h	19 Septembre	5 Décembre	12h-18h
3 Aout	23 Novembre	18h-24h	20 Septembre	5 Décembre	18h-24h
4 Aout	24 Novembre	Oh-6h	21 Septembre	6 Décembre	Oh-6h
5 Aout	24 Novembre	6h-12h	22 Septembre	6 Décembre	6h-12h
6 Aout	24 Novembre	12h-18h	23 Septembre	6 Décembre	12h-18h
7 Aout	24 Novembre	18h-24h	24 Septembre	6 Décembre	18h-24h
8 Aout	25 Novembre	Oh-6h	25 Septembre	7 Décembre	Oh-6h
9 Aout	25 Novembre	6h-12h	26 Septembre	7 Décembre	6h-12h
10 Aout	25 Novembre	12h-18h	27 Septembre	7 Décembre	12h-18h
11 Aout	25 Novembre	18h-24h	28 Septembre	7 Décembre	18h-24h
12 Aout	26 Novembre	Oh-6h	29 Septembre	8 Décembre	Oh-6h
13 Aout	26 Novembre	6h-12h	30 Septembre	8 Décembre	6h-12h
14 Aout	26 Novembre	12h-18h	**1er Octobre**	8 Décembre	12h-18h
15 Aout	26 Novembre	18h-24h	2 Octobre	8 Décembre	18h-24h
16 Aout	27 Novembre	Oh-6h	3 Octobre	9 Décembre	Oh-6h
17 Aout	27 Novembre	6h-12h	4 Octobre	9 Décembre	6h-12h
18 Aout	27 Novembre	12h-18h	5 Octobre	9 Décembre	12h-18h
19 Aout	27 Novembre	18h-24h	6 Octobre	9 Décembre	18h-24h
20 Aout	28 Novembre	Oh-6h	7 Octobre	10 Décembre	Oh-6h
21 Aout	28 Novembre	6h-12h	8 Octobre	10 Décembre	6h-12h
22 Aout	28 Novembre	12h-18h	9 Octobre	10 Décembre	12h-18h
23 Aout	28 Novembre	18h-24h	10 Octobre	10 Décembre	18h-24h
24 Aout	29 Novembre	Oh-6h	11 Octobre	11 Décembre	Oh-6h
25 Aout	29 Novembre	6h-12h	12 Octobre	11 Décembre	6h-12h
26 Aout	29 Novembre	12h-18h	13 Octobre	11 Décembre	12h-18h
27 Aout	29 Novembre	18h-24h	14 Octobre	11 Décembre	18h-24h

NAP suite et fin

4

natif du	Nouvel an personnel	créneau horaire
15 Octobre	12 Décembre	Oh-6h
16 Octobre	12 Décembre	6h-12h
17 Octobre	12 Décembre	12h-18h
18 Octobre	12 Décembre	18h-24h
19 Octobre	13 Décembre	Oh-6h
20 Octobre	13 Décembre	6h-12h
21 Octobre	13 Décembre	12h-18h
22 Octobre	13 Décembre	18h-24h
23 Octobre	14 Décembre	Oh-6h
24 Octobre	14 Décembre	6h-12h
25 Octobre	14 Décembre	12h-18h
26 Octobre	14 Décembre	18h-24h
27 Octobre	15 Décembre	Oh-6h
28 Octobre	15 Décembre	6h-12h
29 Octobre	15 Décembre	12h-18h
30 octobre	15 Décembre	18h-24h
31 Octobre	16 Décembre	Oh-6h
1 Novembre	16 Décembre	6h-12h
2 Novembre	16 Décembre	12h-18h
3 Novembre	16 Décembre	18h-24h
4 Novembre	17 Décembre	Oh-6h
5 Novembre	17 Décembre	6h-12h
6 Novembre	17 Décembre	12h-18h
7 Novembre	17 Décembre	18h-24h
8 Novembre	18 Décembre	Oh-6h
9 Novembre	18 Décembre	6h-12h
10 Novembre	18 Décembre	12h-18h
11 Novembre	18 Décembre	18h-24h
12 Novembre	19 Décembre	Oh-6h
13 Novembre	19 Décembre	6h-12h
14 Novembre	19 Décembre	12h-18h
15 Novembre	19 Décembre	18h-24h
16 Novembre	20 Décembre	Oh-6h
17 Novembre	20 Décembre	6h-12h
18 Novembre	20 Décembre	12h-18h
19 Novembre	20 Décembre	18h-24h
20 Novembre	21 Décembre	Oh-6h
21 Novembre	21 Décembre	6h-12h
22 Novembre	21 Décembre	12h-18h
23 Novembre	21 Décembre	18h-24h
24 Novembre	22 Décembre	Oh-6h
25 Novembre	22 Décembre	6h-12h
26 Novembre	22 Décembre	12h-18h
27 Novembre	22 Décembre	18h-24h
28 Novembre	23 Décembre	Oh-6h
29 Novembre	23 Décembre	6h-12h
30 Novembre	23 Décembre	12h-18h
1 Décembre	23 Décembre	18h-24h

natif du	Nouvel an personnel	créneau horaire
2 Décembre	24 Décembre	Oh-6h
3 Décembre	24 Décembre	6h-12h
4 Décembre	24 Décembre	12h-18h
5 Décembre	24 Décembre	18h-24h
6 Décembre	25 Décembre	Oh-6h
7 Décembre	25 Décembre	6h-12h
8 Décembre	25 Décembre	12h-18h
9 Décembre	25 Décembre	18h-24h
10 Décembre	26 Décembre	Oh-6h
11 Décembre	26 Décembre	6h-12h
12 Décembre	26 Décembre	12h-18h
13 Décembre	26 Décembre	18h-24h
14 Décembre	27 Décembre	Oh-6h
15 Décembre	27 Décembre	6h-12h
16 Décembre	27 Décembre	12h-18h
17 Décembre	27 Décembre	18h-24h
18 Décembre	28 Décembre	Oh-6h
19 Décembre	28 Décembre	6h-12h
20 Décembre	28 Décembre	12h-18h
21 Décembre	28 Décembre	18h-24h
22 Décembre	29 Décembre	Oh-6h
23 Décembre	29 Décembre	6h-12h
24 Décembre	29 Décembre	12h-18h
25 Décembre	29 Décembre	18h-24h
26 Décembre	30 Décembre	Oh-6h
27 Décembre	30 Décembre	6h-12h
28 Décembre	30 Décembre	12h-18h
29 Décembre	30 Décembre	18h-24h
30 Décembre	31 Décembre	Oh-6h
31 Décembre	31 Décembre	6h-12h

9

LES LETTRES GARDIENNES

Trois lettres sont particulièrement « parlantes » au sein du Thème numérologique. Il s'agit des trois premières lettres du Prénom usuel.
Les nombres issus de leurs codages numériques sont en interactions les unes avec les autres.
Notons l'importance de la première lettre, ou Initiale, que nous avons déjà abordé dans le chapitre du « Tableau de bord » du thème.

Imaginons un petit scénario : un marcheur (ou une marcheuse) progresse dans un paysage de départ. Avec son baluchon rempli de belles spécialités et de potentialités personnelles.
Puis il arrive devant une rivière. Il (ou elle) désire la traverser pour atteindre l'autre rive. Il lui est alors nécessaire « de se mouiller ».
Une sorte « d'initiation » lui est ainsi proposée.
Arrivé(e) enfin de l'autre côté il (ou elle) peut maintenant découvrir le beau décor ou grand paysage qui s'offre à lui (ou elle).

En résumé :
- La première lettre peut représenter le meilleur en soi.
Je l'ai baptisée *Lettre d'essence profonde.*

- La deuxième lettre peut évoquer le stade de l'épreuve, ou celui de l'initiation personnelle. Je l'ai baptisée *Lettre de passage.*

- La troisième lettre nous dessine enfin le cadeau d'un nouvel espace de créativité à disposition pour un bel épanouissement personnel.
Je l'ai baptisée *Lettre d'horizon.*

C'est donc, en partant de tes richesses intérieures, et de ce qui t'anime profondément, qu'il t'est proposé d'affronter (oser « te mouiller ») cette phase d'apprentissage, d'expérience nécessaire, d'initiation personnelle.

Finalement, après diverses prises de conscience, et de meilleure connaissance de toi-même (et des autres), acquérir la possibilité d'une nouvelle orientation fructueuse et libératrice.
Pour savourer une sorte de « Terre promise », ou un environnement psychologique et concret, source de bonheur et de réussite.

Remarque : la « phase cruciale » demeure la deuxième étape, ce passage incontournable pour avancer, grandir, mûrir… et devenir une femme ou un homme debout.
Sachant qu'il y a toujours un bout au bout du bout, et que ce « pèlerinage intérieur » reste peut-être sans fin. Même avec une grosse faim de connaissance et de compréhension spirituelle !

Exemple de Julie

- Sa Lettre d'essence profonde (J) est liée au 10 réductible à 1
- Sa Lettre de passage (U) est liée au 21 réductible à 3
- Sa Lettre d'horizon (L) est liée au 12 réductible à 3

Notons que la 2e et la 3e lettre sont symbolisées chacune par des nombres proches. En effet dans le 21 c'est le nombre 1 qui domine, puis le nombre 2 et enfin, avec moins d'importance, le nombre 3.

On retrouve le même tiercé dans le désordre pour la lettre d'horizon.
Le 2 domine maintenant, suivi du 1 et enfin du 3.

Au final, concernant ces 3 lettres, on tourne autour de « Papa, Maman, la Bonne… et mes é-mois ».
Rappelons que le 1 évoque aussi le père, le 2 la mère, et le 3 l'enfant.

Ainsi le nombre 1 intervient tout au long des deux premières phases avec ses propositions dynamiques, pionnières. Des étapes où il est suggéré de prendre un bel élan et de sacrément s'investir avec fougue ou passion dans cette belle aventure de la vie.

Le nombre 2 prenant l'avantage à la sortie (au dernier virage de la course de chevaux ?) l'ambiance semble un peu se calmer.

Après des phases actives, où il a été demandé « d'allumer le feu », il est fi-

nalement conseillé de « rafraichir le moteur », d'alléger la pression, et d'accueillir plus de disponibilité à l'autre et à son monde intérieur.
C'est-à-dire oser devenir une bonne compagne pour elle-même.

Exemple d'Alain

- Sa Lettre d'essence profonde (A) est liée au 1
- Sa Lettre de passage (L) est liée au 12 réductible à 3
- Sa Lettre d'horizon (A) est liée au 1

Dans cet autre exemple, on ne change guère de « diversité ».
On reste avec le trio 1, 2 et 3. Et dans l'ordre !

On démarre pour Alain avec le nombre 1 (plus puissant et plus direct que le 10 de Julie), mais dans une ambiance générale proche.

Les incitations de leurs âmes respectives ont un « air de famille » (pas suffisant semble-t-il pour parler d'âme sœurs, même si c'est à la mode).

Le nombre 12 se retrouve ici « en initiation ». Il lui est demandé d'apprendre à écouter sa belle sensibilité et de faire ami-ami, ou alliance, avec ses diverses émotions (cachées dans les méandres de son monde intérieur ?). À oser certains « retournements » intérieurs et certaines adaptations salutaires. Tenter divers slaloms relationnels. Et même apprendre à nager et respirer dans l'eau (de la rivière ?).

Pour, au final, retrouver, en mieux on suppose, le soleil de départ ou la montagne (ou pic) à gravir pour accéder à cette vue panoramique et dominante.
Une lettre d'horizon plutôt « verticale » !
Avec cette possibilité de rattrapage de ce qui n'aurait pas été suffisamment tenté ou réalisé dans la première phase, hein ?

Petite remarque finale concernant nos deux exemples.
La lettre L (12) de Julie atteinte avec succès peut être utilisée par elle pour aider notre cher Alain nageant au milieu de la rivière (l'initiation de sa 2e lettre).

D'une manière générale et cela dit en passant : avec ma première lettre (ou éventuellement son nombre réduit) je peux aider quelqu'un(e) ayant cette lettre comme lettre de passage.

Et inversement je peux être aidé (2e lettre) par quiconque possède cette lettre en initiale. Une belle entraide possible…

Quelques exemples au hasard

A-ntoine avec son A peut aider N-a-thalie, et de son côté (à l'inverse) Nathalie avec son N peut aider A-n-toine.

Alain peut aider Catherine... André et Laurence… Luc et élise…

Arnaud et Raymond (et l'inverse), Mélanie et Emma (et l'inverse), Lambert et Albert (et l'inverse), Ludwig et Ulrich (et l'inverse), Emma et Merlin (et l'inverse) ; Marie et Amaury (et l'inverse), Nadia et Annie (et l'inverse), Oriane et Romain (et l'inverse) ; Olivier et Louise (et l'inverse) ; Rachida et Armand (et l'inverse) etc.

De belles collaborations possibles ! Et une aide, parfois dans les deux sens… Pour donner du sens à deux belles progressions ?

10

LES SUBPERSONNALITÉS DOMINANTES

Qu'en est-il au sujet de tes « personnages intérieurs » favorisant ton avancement personnel ?
J'en distingue, en numérologie humaniste, trois grands, avec qui tu auras à « collaborer », de préférence sur le mode « ami-ami ».

Je cite ici :
- La première, que j'ai nommée « La Subpersonnalité Leader »
(ou *LSD Leader*.)
- La deuxième, « La Subpersonnalité Accord » (ou *LSD Accord*).
- La troisième, « La Subpersonnalité Ressources » (ou *LSD Ressources*).

Je te propose une petite présentation résumée de ces trois « personnages intérieurs » qui t'habitent avec plus ou moins de force, de possibilités ou d'agréments.

1-La LSD Leader

Son rôle principal est de donner le ton au sein de ton univers intérieur
Comme le ferait un imposant Chef d'orchestre. Elle a tendance à prendre la direction des opérations, et te suggère de faire de même, c'est à dire jouer ce type de « partition ».

Elle offre sa force à ta vie intérieure et t'invite à l'accompagner dans ses élans. Il serait dommage de te priver de ce type de cohabitation, non ?

Elle apparaît comme un « personnage central » dans ton paysage intime et s'avère gérer un scénario de type « Fonction Père ».
Au final, elle peut t'aider à mieux te positionner dans ta vie et à prendre avec succès de belles et franches décisions…

2 -La LSD Accord

Sa douce fonction est de t'offrir le maximum de conseils avisés.
Elle est là pour t'aider à développer souplesse et sensibilité personnelle tant sur le plan physique que psychologique.

Elle peut, parfois, épauler la « LSD Leader » en ce qui concerne l'expression de tes émotions, ou dans quelques « médiations intérieures » entre tes différents personnages intimes et les diverses composantes de ta « personnalité globale » (tes diverses « facettes intérieures »).
Te mettre bien en accord avec ton environnement reste sa belle spécificité. Cela par une action « fécondante » et chaleureuse.
Elle représente un personnage de type « Fonction mère », riche de douceur et de qualité d'écoute.

3 – La LSD Ressources

Avec sa belle et joyeuse dynamique elle peut relier les deux précédentes.
Son rôle d'unificatrice reste à ta disposition pour illuminer ton environnement intérieur. Elle peut être une jolie source d'inspiration de créativité personnelle.
Il serait dommage de ne pas profiter de tels services, non ?
Juste lui laisser là encore le champ libre ou un peu d'espace pour « prospérer »...

Au final, c'est une aide appréciable favorisant ton ouverture de conscience, une vision plus large et plus holistique des choses...
Elle évoque cet « Enfant intérieur » joyeux et spontané... qui ne demande qu'à s'exprimer, et animer ta scène intérieure.
Un gentil animateur à caresser dans le sens du « au poil » ?

D'une manière générale, les diverses subpersonnalités qui habitent ton monde intérieur constituent un ensemble d'une bonne dizaine de « participants » en interaction les uns avec les autres.

En te posant la question du « Qui suis-je ? », tu pourrais chercher à la résumer en te focalisant sur la notion de « Personnalité ».
Il me semble qu'on peu aller beaucoup plus loin, et élargir la question de manière plus astucieuse. Et c'est là qu'intervient la notion de « personnages intérieurs » ou de « subpersonnalités ».

Il n'y a plus alors la vision d'UNE Personnalité, ou d'un « étiquetage grossier », mais la conscience de diverses facettes d'un fonctionnement (et d'attitudes) personnel.

Tu n'es plus alors appréhendé, ou perçu, au sein d'une seule description ou d'une approche figée, voire limitative, mais invité à gérer au mieux la diversité de tes « habitants intérieurs», la variété de tes modes de comportements.

En fait, tu peux très vite, en t'observant avec un peu de recul, et en avançant dans la connaissance de toi-même, te rendre compte de la richesse et de la complexité de tous ces élans, désirs personnels. Toutes ces autres dynamiques de vie que tu héberges depuis parfois très longtemps…

Tu peux constater alors, chez toi ou chez d'autres, qu'il y a un « fonctionnement » différent selon le ou les domaines en question.

En réalité, tu peux avoir une attitude ou une manière de te comporter différente d'un endroit ou un autre, d'une situation ou une autre.
Ainsi, au travail on pourrait t'appréhender avec une certaine personnalité et en famille avec une autre très différente. Alors on peut être amené à dire que tu as « une personnalité avec plusieurs facettes ». Ce qui pourrait s'appeler ; posséder diverses subpersonnalités, non ?

L'invitation ici est de ne pas s'identifier à un « JE » arbitraire et unique. Un « JE » Souvent conçu ou formaté par d'autres ! Une forme de « tatouage psychologique » qui risque de devenir indélébile (et de s'abîmer avec le temps ?).

Et si le jeu consistait à « manager cette belle équipe ». Une équipe mouvante, où certaines réorganisations peuvent s'avérer nécessaires, où certains jeux de pouvoir internes sont souvent à considérer, et où la « paix familiale » (voire « paix sociale ») ne va pas de soi.

Là encore, on a le choix d'oser ou non en prendre conscience.
Et de comprendre son fonctionnement, son organisation interne, ses « révolutions de palais » ou ses « zones d'influence ». Un vrai roman, peut-être ? En tout cas, on est loin de la description d'une Personnalité unique (avec un grand « P » ?), ou d'un Caractère unique (avec un grand « C » ?).

L'option ici est de t'autoriser à considérer cette variété, cette mobilité interne, sans arrêt (probablement) en évolution, en adaptations vitales, en perfectionnements bienvenus. Et ainsi te donner la possibilité de découvrir d'autres manières d'être, d'autres atouts psychologiques à mettre en œuvre pour un bel épanouissement personnel.

Comment s'organise cette famille intérieure ?
Quelle conscience peux-tu en avoir, et comment t'autorises-tu à la rencontrer, à la confronter. Et en prendre la direction en « Maître avisé »... Ou en joyeux « Capitaine d'équipe » ?
De bonnes et judicieuses questions, en quelque sorte !
Pour t'en occuper favorablement, encore te faut-il la connaître suffisamment, non ? Aussi, je t'invite ici à considérer certaines pistes d'écoute ou de découverte intérieures à ta disposition.

Cela nous ramenant bien sûr à la question habituelle et récurrente : « quelle conscience j'en ai ? », quelle conscience puis-je accueillir petit à petit dans l'idée ou la conception de mon fonctionnement intérieur ?
Là où derrière une Personnalité un peu fictive et artificielle se cache tout un petit monde intérieur. Là ou gravitent avec vigueur et animation diverses subpersonnalités...

Dans ce joyeux petit monde, on peut considérer qu'il existe une sorte de hiérarchie des valeurs et des pouvoirs. Parfois les places au sein de cette hiérarchie se révèlent mobiles ou changeantes.
Cela, au fil de diverses alternances, suite à des événements intérieurs (liés souvent à des situations extérieures). Au jeu des « chaises musicales » les choses peuvent bouger de façon assez étonnante en cas de stress soudain, ou de « tempête » intérieure.

À noter, la place principale reste celle qui se révèle la plus visible, la plus écoutée par l'humain « propriétaire » de telle ou telle subpersonnalité. Même si elle n'est pas toujours la plus sympathique, ni la plus souhaitée à ce poste !

D'une manière générale, il est difficile de les comparer, car chacune véhicule des qualités (ou possibilités) distinctes. Même si certaines de ces particularités semblent parfois porteuses de limitations, de handicaps ou sources de difficultés.

Il arrive parfois que de bons gros défauts soient perçus comme des qualités finalement utiles, si on dépasse leurs inconvénients apparents.
Tout dépend finalement du vécu personnel, et cela reste fonction des croyances ainsi que des choix intimes du sujet concerné !

Au sein de ce « personnel de bord » (ou de ce petit « royaume ») qui cherche à dominer ? Qui veut rester le Roi, voire le petit tyran ? Est-ce le « Grincheux » ? Est-ce « Joyeux » ? Est-ce « Timide ou Dormeur » ? Ou est-ce « Prof ou Simplet » ?
Le choix peut être multiple et varié ! Sans oublier le petit Tyran ou le vilain Saboteur…

Les difficultés peuvent intervenir lorsque le sujet s'identifie à celui ou à celle placé (qu'il a lui-même placé ?) sur le trône.
Attention à cette identification, souvent fréquente, car ce style de « possession intérieure » est rarement source de liberté ou d'épanouissement pour le sujet. Car il devient vite dirigé ou influencé par cette partie de lui - même. C'est alors qu'une de ses subpersonnalités prend le pouvoir et ne se gêne pas pour l'exercer à son « seul profit ».

Ainsi, certains « automatismes » ou réflexes induits (voire des « actes manqués) font leur apparition. Sachant aussi, que ce Roi ou cette Reine intérieurs ont régulièrement besoin d'une cour… Qui court à sa perte, ainsi que l'humain censé diriger ou contrôler ce petit peuple manipulé.

En fait, ce « Dirigeant intérieur », pour peu qu'il s'allie avec un « Chef de sécurité » ou un « Bloqueur en chef », risque de mettre en place divers verrouillages du système intérieur. Ainsi que des automatismes inhibiteurs, sources d'obstacle au cœur de la progression, ou la recherche d'épanouissement, du sujet en question. Qui pourrait d'ailleurs avoir à se poser certaines questions !
Comme une « petite voix intérieure » qui dirait « Toi, c'est nous ! »…

Lorsque ces « barrières intérieures empêchent d'aller à la rencontre d'autres personnages riches de dons et porteurs de nombreux possibles, il devient nécessaire de déblayer le terrain et de remettre de l'ordre dans cette « pagaille intérieure ». Pagaille que certains oseraient même qualifier de « joyeux foutoir » (voire de « sacré bordel »).

D'où l'intérêt de bien repérer et évaluer cette (ou ces) situation pour y remédier sans attendre, et assainir avec bonheur l'environnement intérieur, en redonnant leurs lettres de noblesse aux subpersonnalités qui le méritent.

En réalité, favoriser l'émergence de certaines parties mises au rencart peut s'avérer indispensable.
Par exemple, oser l'activation de « l'Artiste », ou du « spécialiste en communication », qui aurait été mis aux oubliettes, ou qui serait resté dans l'ombre de ces petits dictateurs intérieurs. L'encourager à devenir fonctionnel en quelque sorte !
Soit attendre le public, pour sortir l'artiste.
Soit sortir l'artiste, pour que vienne le public ?

Le leader, quant à lui, peut essayer de détourner l'attention par certaines diversions stratégiques. S'il a tendance à trop « botter en touche » dès qu'on veut le questionner, c'est qu'il a quelque chose à cacher non ?

Au sein du thème (au cours de l'entretien), il répond alors à la place du consultant. Le numérologue dialogue-t-il avec ce « petit Roi intérieur » au lieu de s'entretenir vraiment avec le sujet demandeur du thème ?
Un petit Roi qui pourrait s'arranger pour orienter l'entretien ou en faire « dévier le fil » sur des sujets annexes ou extérieurs ne mettant pas en péril son petit ou grand pouvoir sur ce « monde intérieur » qu'il n'accepterait pas de perdre…

À noter : ce « Roi » est toujours lié au mental, qui cherche à dominer le maximum de situations, alors qu'il n'en a pas vraiment les moyens. Comme on dit « Le cœur a ses raisons que la raison ne connaît point ! ».

Aussi, il est nécessaire, au sein d'un beau travail sur soi de l'endormir un peu, de l'occuper ailleurs, de lui « raboter ses dents trop longues », en un mot de l'amadouer… pour rendre plus doué le reste de ce monde intérieur par trop soumis, assujetti ou « inféodé » !

En fait, il est suggéré de devenir « malin » ou stratège face à ce potentiel « Tyran intérieur » et à s'exercer à le « recycler » ou l'occuper ailleurs (« Va donc voir là-bas si j'y suis ! »). À suivre des chi-mères on n'y retrouve pas toujours ses petits…

Il est donc vivement conseillé de se donner le maximum de choix et d'oser d'autres scenari que ceux concoctés par habitude et conformisme.
Afin de permettre au plus grand nombre de « personnalités intérieures » de s'exprimer, de faire bonne figure et surtout de se mettre au service de beaux projets, de créations louables au fil d'un bienvenu « parcours d'épanouissement ».

Plus seront réveillées certaines potentialités et richesses intérieures, plus il y a la possibilité de créer sa vie et les circonstances de cette vie (toujours en miroir avec ce qui se passe finalement à l'intérieur de soi-même !).
Ainsi, je le répète, il est conseillé de ne pas rester figé, coincé ou bloqué, dans des rôles par trop définis ou « immuables ». Se méfier des rôles fixes, des comportements répétitifs (ou addictifs ?)...
Alors cela peut devenir un « Jeu ou pari gagnant » d'aider ces subpersonnalités sympathiques à devenir les meilleures alliées du monde, les meilleurs atouts dans le jeu de la vie.

A noter à l'occasion : ton monde intérieur est à protéger régulièrement D'autres ne doivent pas y entrer... Sauf autorisation expresse !

En effet, rien ne t'oblige à laisser faire cette sorte « d'open bar » dans ton monde intérieur, où les invités seraient « roi » ! À toi de repérer ce qui pourrait interférer avec ta « paix intérieure », manipuler tes alliés intérieurs ou les laisser être nourris par d'autres (pour les apprivoiser et les soumettre ?).

Attention ! Parfois « l'aidant » peut aller trop loin, ou un peu trop près de l'intimité de l'autre. Être autorisé à offrir des conseils ne veut pas dire entrer en conquérant(e) dans le territoire psychologique de l'autre.

D'où l'importance de prôner une « pratique d'aide non directive ».
Et de rester plutôt dans une belle « mise à libre disposition », qu'une mauvaise succession d'ordonnances ou d'injonctions (plus ou moins morales ?).

À chacun, chacune d'apprendre « à cultiver son jardin » (comme disait Voltaire, qui a bien fait de ne pas se taire !). Apprendre à s'occuper de lui, c'est-à-dire mettre en avant le fait de faire quelque chose pour soi, réellement pour soi !

C'est-à-dire s'éloigner des directives intrusives et infantilisantes pour se diriger vers une vraie prise en main (et prise de conscience) de ses propres richesses, dons et possibilités majeures…

Et bienvenue dans le monde libre des subpersonnalités joyeuses, animées et « artisanes de bonheur » !

Comment calculer les 3 « LSD » ?

- Pour la « LSD Leader », il te faut additionner les habitants des Cases 1, 3 et 5 de l'Inclusion de base (les nombres situés dans ces trois domaines).

- Pour la « LSD Accord », additionne les habitants des Cases 2, 4 et 6 de l'Inclusion de base.

- Pour la « LSD Ressources » additionne enfin les habitants des Cases 7, 8 et 9 de l'Inclusion de base.

L'exemple des 3 « LSD » de Julie

1	2	3	4	5	6	7	8	9
3	1	6	1	4	2	0	0	2

Nous aurons dans son cas :

- **LSD Leader** :
L'Habitant de la Case 1 est le nombre 3
L'habitant de la Case 3 est le nombre 6
L'Habitant de la case 5 est le nombre 4
Le total est donc le nombre 13 réductible à 4
- **LSD Accord** :
En Case 2 nous avons le 1
En Case 4 nous avons le 1
En Case 6 nous avons le 2
Soit un total de 4
- **LSD Ressources**
Zéro en Case 7
Zéro en Case 8
2 en Case 9
Soit un total de 2

Récapitulons pour Julie :
LSD Leader 13, LSD Accord 4 et LSD Ressources 2

Là encore nous pouvons moduler ces résultats, chaque nombre restant qualifié dans l'Inclusion de base.
Pour le LSD Leader :
Le 3 du 13 est modulé par un 6
Le 1 du 13 est modulé par un 3
Et même le 4 (nombre réduit) modulé par un 1

Ensuite nous avons le 4 (du LSD Accord) modulé par un 1

Et pour LSD Ressources le 2 modulé par un 1

Notons que pour l'ensemble des trois LSD nous avons trois fois la présence du nombre 1, en tant que qualifiant et une fois aux dizaines.
Et deux fois le nombre 3. Il est présent aux unités du leader et en tant que qualifiant aux dizaines.
Et enfin, le nombre 4 présent une fois en tant que LSD, et une fois en tant que qualifiant.

Ainsi, les nombres 1, 3 et 4 tissent globalement leurs messages et propositions pour les LSD de Julie.

Interprétations des « LSD » de Julie

Concernant sa LSD Leader, qui est la seule LSD à deux chiffres nous mettrons l'accent sur les propositions du 3, du 1 et du 4. Sans oublier le 6 qui qualifie ce 3 dominant.

Aussi, ce qui « donne le ton » au sein de cette première subpersonnalité ressemble à un fort désir de plaire, à de belles potentialités d'expression personnelle. Et une façon subtile de se mettre en avant.

La direction des opérations, chez elle semble passer par un « chef intérieur » brillant et aux élans animés. Un « bon communiquant » comme on dit maintenant !
Un petit « zeste de 6 » en arrondit les angles, ou peut calmer un peu son feu, lui donnant un côté « attachant », voire sentimental.

Globalement, ce personnage de type « fonction Père » semble tout à fait apte à bien se positionner, avec élégance et persuasion. Ce qui peut être considéré comme un atout chez la femme qu'est Julie.

À elle, de bien harmoniser les désirs et besoins de ces divers nombres que sont le 1, le 3, le 4, le 2 et le 6. Un équilibre juste entre les composantes de nombres Yang et de nombres Yin, entre des dilatés et des rétractés. Avec globalement une sorte de « belle parité »...

Cette variété peut se révéler être une richesse intérieure. Un cadeau offert à Julie, à condition qu'elle s'en serve avec lucidité et sagesse. Et avec un sens du « management » de ces qualités et potentialités personnelles... à disposition.
En particulier au niveau de sa capacité à prendre des décisions, sans se faire déborder (ou manipuler) par ce chef intérieur aux diverses « facettes »...

Concernant sa LSD Accord, nous pouvons noter l'unique présence du nombre 4 lui-même qualifié par un 1.

Ainsi les conseils qui sont offerts à Julie concernent la notion de sécurité, de régularité. Avons-nous ici un « contrôleur en chef » ou une sensibilité bien « cadrée » (autant par les exigences du 4 que par l'autorité du 1), qui ne semble pas chercher à s'épancher outre mesure !

Une LSD Accord peu féminine, ni penchée sur une souplesse proverbiale, ni sur une écoute ou disponibilité accrue à son environnement (et à ses proches, en général ?).
L'action « fécondante et chaleureuse » reste plutôt réservée (voire « froide »), mais peut se révéler efficace et constructive. Une « Fonction Mère fonctionnelle » ?

Se dessine ici une certaine douceur au sein d'une fermeté (plus fermée qu'ouverte), et d'un sérieux sans failles.
Le 4 et le 1 étant des nombres « rétractés », et donc « en tension », juste faire attention à garder une certaine souplesse, ou une belle agilité, en matière d'accord avec les autres, et de capacités à rester diplomate et apte à certains compromis.
Sachant, par ailleurs, que sa Place n°1 ne la prédispose pas vraiment à la conciliation et à l'adaptation aux désirs et besoins des autres...

Concernant sa LSD Ressources, nous pouvons noter l'unique présence du nombre 2, lui-même qualifié par un 1(même qualification que sa LSD précédente).
Le rôle « unificateur » de cette LSD va vite se résumer à mettre en phase, à « mettre en couple », les désirs et élans très différents du 2 et du 1(son modulateur).

Ou comment allier ces composantes, l'une Yin-féminine et l'autre Yang-masculine ? Comment marier cette « femme et cet homme intérieurs », au sein d'une subpersonnalité liée à « l'enfant intérieur », avec ses spontanéités, son naturel, et sa créativité propre ?

Une belle alliance de ces deux caractéristiques, finalement complémentaires, peut s'avérer riche d'inspiration, et source d'ouverture de conscience plus large (en jouant sur deux tableaux, deux modes de fonctionnement relationnel).

Là encore sa place de première peut l'amener à avoir tendance à privilégier des attitudes de type 1 (Je fonce, je monte au créneau, je décide seule).
Nous sommes, à priori ici, assez loin du mode de fonctionnement habituel du 2 !
Ainsi, c'est à elle de trouver cet équilibre intérieur. D'oser concilier ou réconcilier ces dynamiques aux apparences « contradictoires », mais qui peuvent se révéler sacrément complémentaires au cœur de sa vie.

En fait, ses trois LSD restent fondamentalement à son service. Surtout si elle s'autorise à bien « organiser ce petit monde intérieur ». Et à bien manager, ou bien gérer, ses employées ou alliées intimes…

C'est-à-dire oser rester « maître du jeu » chez elle. Et apprendre à devenir une « femme debout » digne de ce nom, digne de toutes ces belles richesses qui l'habitent.

Interprétations des « LSD » d'Alain

1	2	3	4	5	6	7	8	9
5	1	4	1	6	0	2	1	5

Nous aurons dans son cas :
- LSD Leader :
L'Habitant de la Case 1 est le nombre 5
L'habitant de la Case 3 est le nombre 4
L'Habitant de la case 5 est le nombre 6
Le total est donc le nombre 15 réductible à 6
- LSD Accord :
En Case 2 nous avons le 1
En Case 4 nous avons le 1
En Case 6 nous avons un zéro
Soit un total de 2
- LSD Ressources
En Case 7 le 2
En Case 8 le 1
En Case 9 le 5
Soit un total de 8

Récapitulons pour Alain :
LSD Leader 15, LSD Accord 2 et LSD Ressources 8

Là encore nous pouvons moduler ces résultats, chaque nombre restant qualifié dans l'Inclusion de base.
Pour le LSD Leader :
Le 5 du 15 est modulé par un 6
Le 1 du 15 est modulé par un 5
Et même le 6 (nombre réduit) modulé par un zéro

Ensuite nous avons le 2 (du LSD Accord) modulé par un 1

Et pour LSD Ressources le 8 modulé par un 1

Interprétations des « LSD » d'Alain

Concernant la LSD Leader, qui est liée, chez lui aussi, un nombre à deux chiffres nous tiendrons compte en priorité des messages du 5, situé aux unités (lui-même qualifié par un 6, nombre très différent), puis du 1 (qualifié par un 5), et enfin, dans une moindre mesure, du 6 issu de la réduction (qualifié par un zéro).

Quelle variété de propositions à disposition ! D'autant plus que le nombre 5 évoque la variété, la multiplicité, la diversité et le « non classifiable » !
En fait on a, dans l'ordre ou dans le désordre une belle suite de 5 nombres : 0-1-2--5-6 ou plutôt en tenant compte de la « hiérarchie des places » (et des propositions) 5 puis 6 puis 1 puis 2 et zéro
Pour simplifier, nous pouvons surtout considérer l'assemblage 5 et 6, et ensuite le 1 et le 2.

À noter :
Au total il y a autant de nombres Yang-masculins 5-1 et que de nombres Yin-Féminin 6 et 2.

Aussi, il sera difficile (voire inapproprié) de déduire une interprétation précise (ou monolithique) de cette « belle équipe » qui « ratisse un peu large ».
Nous retiendrons que son LSD Leader donne le ton d'un « tissage initiatique » plutôt insaisissable. Est-ce sa force ?
Ses caractéristiques mobiles semblent émerger dans tous les sens !
Et échapper à un esprit trop cartésien, ou à toute formulation simpliste.
Ces messages mettent finalement l'accent sur un personnage central qui pourrait trouver sa force dans l'alliance d'énergies très diverses, et surtout dans la cohabitation de propositions très complémentaires.

J'ai nommé ici la tonalité et l'énergie du nombre 5 à accorder avec la tonalité et la vibration du nombre 6.
D'un côté un fonctionnement mobile et changeant, de l'autre un fonctionnement paisible et plutôt tranquille (dans son bain ?).
D'un côté le désir d'aventure, de l'autre l'envie de confort.
D'un côté les prises de risques, de l'autre le besoin de calme et de sérénité.
Et finalement, une aspiration à une grande liberté, à accommoder avec un fort désir de savourer la vie dans son petit cocon.
À lui tout seul ce LSD « Fonction père » se retrouve avec une sacrée paire

de défis, et une belle palette de possibilités… et de potentialités ! Ou comment harmoniser le 5 et le 6, déjà ensemble dans sa Case 5 au départ.

Une LSD difficile à « mettre en boîte », tant ses aspects insaisissables nous suggèrent de ne pas l'enfermer dans des interprétations par trop hâtives ou trop caricaturales. Laissons-lui la possibilité de rester imprévisible, inclassable et unique… dans sa variété originale !

Concernant sa LSD Accord, nous pouvons noter l'unique présence du nombre 2 accompagné (qualifié) par le nombre 1 aux propositions différentes et complémentaires.
Là aussi l'invitation sera de faire fonctionner ensemble deux nombres de polarités différentes. L'un Yin le 2, l'autre très Yang le 1. L'un dilaté, le 2, l'autre fortement rétracté le 1.

Aussi, cette subpersonnalité qui est censée offrir ses conseils à la précédente. Ou l'épauler positivement. Se retrouve à jouer son rôle en mettant en œuvre des énergies féminines, voire maternelles, avec des énergies masculines, voire paternelles.
Rappelons que la « Subpersonnalité Accord » est liée à la Fonction Mère !

Ainsi il lui est proposé de composer avec une « aide intérieure » qui l'invite, d'un côté à oser écoute, ouverture, souplesse et conciliation, et d'un autre côté à oser affirmation, centrage sur soi, positionnement et indépendance.

Ou, dit autrement ; à tenter une disponibilité très sélective, une coopération dirigiste, une écoute de ses émotions très mentale.
Et une façon de s'adapter (ou de « louvoyer » ou « slalomer ») en allant directement au but ?

Concernant sa LSD Ressources, nous pouvons noter l'unique présence du nombre 8, lui-même qualifié par un 1 (la LSD précédente).

Cette LSD, censée relier et réunifier les deux LSD précédentes pointe la nécessité d'assembler les fortes énergies (de feu) du 1 avec les puissantes énergies du 8 (lié à la terre).

Aussi, Alain est-il invité à valoriser, et surtout à aligner, ces potentialités liées au « pouvoir de réaliser et de se réaliser ».

Des capacités de bâtisseur, et d'entrepreneur puissant.

Cette LSD se présente comme une alliée particulièrement puissante et d'une efficacité redoutable. D'autant plus qu'il en fera une force bien « domptée », et une « énergie conquérante » bien maîtrisée.
Une manière de jouer pleinement son rôle de « self-made man », d'inventeur avisé, voire de pionnier superbe.

Notons au passage que son « Noyau de l'être » (le NCE), Poste clé très important, est un 8. Une « intention essentielle d'incarnation », ou projet de vie, qui lui rappelle son désir profond de s'engager dans le (ou les) chantier de grandes et belles réalisations.

Voir l'exercice « Les Subpersonnalités » en couleurs en fin de livre.

11

LE SABOTEUR INTÉRIEUR PRÉFÉRÉ

Ce Poste-clé t'invite à considérer ce qui sabote ta vie et handicape ta progression personnelle.
En effet, il est question ici de ce qui te met des bâtons dans les roues et parasite une belle relation possible avec toi-même :
J'ai nommé : *Le Saboteur intérieur* ou « SIP ».

Ce Saboteur intérieur, comme son nom l'indique n'arrête pas de chercher à se faire retourner contre toi divers éléments (dons ou énergies) de ton monde intérieur. Cela dans le but de te détourner de tes plus belles qualités ou capacités. En un mot : te faire échouer dans tes projets ou créations les plus essentielles.
Cet « ennemi intérieur » a le pouvoir de te manipuler à ton insu, afin de t'entraîner à faire des actes (manqués), ou de prendre des décisions à l'opposé de ce que tu aurais fait en toute conscience.

Ce « petit démon intérieur » semble très doué pour te pousser à avoir, et à garder, une vision négative des choses. Ainsi qu'à programmer des automatismes se révélant limitatifs, et source de désordre dans ton avancement personnel.
Il fonctionne comme une sorte de « Cheval de Troie », qui se serait introduit dans ton espace intérieur, pour pervertir tes plus nobles intentions, ou te détourner de tes plus belles capacités créatives.

Un sacré petit diable te poussant, par exemple, à te mettre en colère (sans vraies raisons), et à t'amener ainsi à te culpabiliser (ce qui n'a rien de raisonnable !). Ou à t'engager régulièrement dans certaines fuites en avant peu constructives, ressemblant même à de petites ou grandes « poltronneries »...
Histoire de t'empêcher de grandir, de devenir mature. Histoire de t'empêcher d'être vraiment toi. En un mot : te gâcher la vie !

Avec ses injonctions négatives qui peuvent polluer ton esprit, il cherche régulièrement à garder son pouvoir de nuisance, et à t'inciter à ne pas écouter ton ressenti profond. Et à ignorer tous les beaux signaux de ton propre corps, et de tes émotions, seuls habilités pour t'aider à vivre l'instant présent. C'est-à-dire « te donner l'heure exacte », au-delà du mental qui « se la raconte », et parfois reste bien éloigné de la « réalité » !

Aussi, comment améliorer les choses et se libérer de ce saboteur :
Dans un premier temps, bien le repérer dans ses agissements ou influences (et ses « manipulations »).
Dans un deuxième temps, oser « dialoguer » avec lui, et inventer une nouvelle relation avec cet ennemi intérieur. Et pourquoi pas essayer de lui envoyer de l'amour… Pour qu'il vous lâche ?
Dans un troisième temps, pour te libérer enfin de sa tyrannie sournoise : Arrêter de le nourrir ! Arrêter de le « garder au chaud » en toi-même ! Ne plus l'héberger… Avec ces fameux intérêts secondaires qui te poussent à rester influencé régulièrement par ce « squatteur d'occasion », qui te « colle aux baskets ».
C'est-à-dire ne plus lui laisser « les pleins pouvoirs » sur tes désirs, tes choix, tes options les plus authentiques.

En un mot : te passer de ses mauvais et « il-loyaux » services (sévices ?).
Ne plus jouer avec lui au jeu des auto-sabotages, ou des auto-punitions. Et ne plus le laisser entretenir tes résistances au changement, tes craintes et tes peurs les plus inutiles.
Afin qu'il ne puisse plus te rendre esclave de ton passé, ou de tous ces souvenirs qui t'éloignent de ta capacité à t'investir vraiment dans ton présent.

À noter, concernant ce présent (ou le « cadeau du présent ») : il reste la seule et unique possibilité d'agir vraiment, et de prendre sa vie en main. Le passé est révolu, le futur n'est pas encore là. Tu n'as pas d'emprise réelle là-dessus.

Une petite remarque au passage, comme dit Eckart Tolle : « Rien ne s'est produit dans le passé : cela s'est produit dans le présent. Rien ne se produira dans le futur, cela se produira dans le présent »…

Et que la libération présente de ce système de sabotage intérieur soit effective et épanouissante au quotidien !

Dernières consignes : élève ton niveau de conscience et tu pourras mieux repérer ce lieu de tes « souffrances accumulées » sources de manigances intérieures. Reconnais « ta part d'ombre », et aime-la. C'est ainsi une sorte de cadeau que tu te fais à toi-même, en tentant de « faire la fête » à partir de tes « défaites » (ou de tes défauts apparents).

Ose finalement une authentique démarche de transformation intérieure salutaire. Tu feras taire ton Saboteur préféré !

Relève tes manches. Prends en main sérieusement le manche de ta « pioche introspective ». Et creuse au fond de toi jusqu'à arriver « au bout de toi-même ». Là où au bout du bout peut émerger un homme ou une femme debout. Même si tout cela peut apparaître comme une autre paire de manches !

Comment calculer le nombre du « Saboteur intérieur préféré » ?

Tu vas avoir besoin d'utiliser ton Inclusion de base et ton Prénom usuel.

Note sur une ligne les 9 habitants de ton Inclusion.
Sous cette ligne inscrit les nombres issus des valeurs réduites des lettres de ton Prénom et complète par un ou plusieurs zéros si ton prénom a moins de 9 lettres.
Effectue la différence (verticale) entre ces deux rangées de nombres.
Et additionne (horizontalement) ces nombres en les gardant non-réduits.
Tu obtiendras ton « SIP ».
Comme illustré dans le schéma ci-contre :

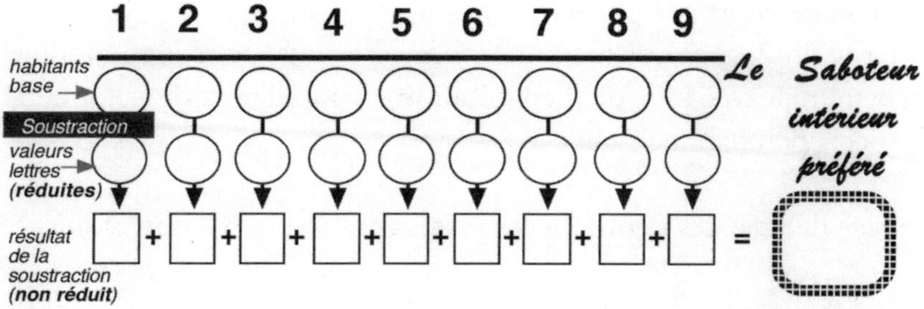

Exemple pour Julie

Ses habitants de l'Inclusion : 3 1 6 1 4 2 0 0 2
Son Prénom codé : 1 3 3 9 5 0 0 0 0
Leurs différences : 2+ 2+3+ 8+1+2+ 0+0+ 2 = 20 réduit à 2

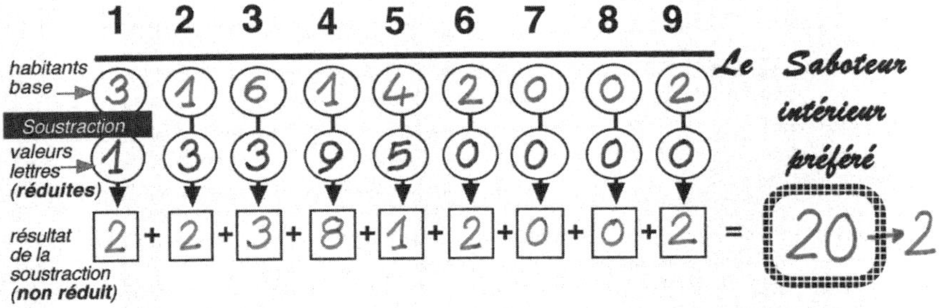

Le SIP de Julie est donc 20. Le 2 restant qualifié par un 1.

Interprétation du « Saboteur intérieur préféré » de Julie

Un Saboteur 2 qui risque :
- de l'entraîner dans des « valses-hésitations » désordonnées et inconfortables.
- d'amplifier ses émotions brouillant ainsi sa vue (par trop de larmes ?) et sa lucidité propre.
- de s'investir avec excès dans des rôles de mère pour l'autre ou les autres, qui pourrait les amener à certaines infantilisations ou mise sous dépendance.
- d'accentuer paradoxes et contradictions au sein de votre être. Entrainant Julie à se perdre un tant soit peu dans les méandres de ses ombres (lorsqu'on ne court pas plus vite que son (n)ombre ?).

À noter : Son 2 étant qualifié par un beau 1 ces risques sont à moduler et à « repeindre » avec plus de mentalisation, de rapidité et de volontarisme, des aspects peu habituels chez le 2 !

Pour plus de nuances rajoutons les pistes liées à son SIP non réduit.

Soit le SIP 20 : un saboteur qui, en plus, l'entraînerait… à tout laisser traîner. À tout laisser à vau-l'eau à force de lui embuer lucidité et capacité de décision.
Et peut-être à se noyer dans un verre d'eau, ou à boire la tasse au sein des

vagues d'émotions mal maîtrisées (à force d'investir le « Radeau de la Méduse » peut-être risque-t-elle d'en avoir des boutons ?).
Enfin, à trop vouloir aider les autres, avec son côté « ai-dant » sacrificiel, elle risque de l'avoir dans les dents. Si je ne m'abuse…

Exemple pour Alain

Ses habitants de l'Inclusion : 5 1 4 1 6 0 2 1 5
Son Prénom codé : 1 3 1 9 5 0 0 0 0
Leurs différences : 4+ 2+3+ 8+1+0+ 2+1+ 5 = 26 réduit à 8

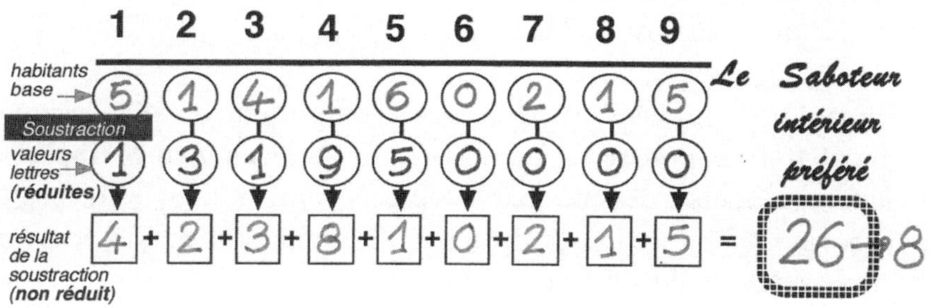

Le SIP d'Alain est donc 26. Le 6 restant qualifié par un zéro, le 2 qualifié par un 1, et le 8 lui aussi qualifié par un 1.
(On peut noter une certaine similitude dans la ligne « Prénom » entre leurs deux cas. C'est juste un hasard).

Interprétation du « Saboteur intérieur préféré » d'Alain

Un Saboteur 8 qui risque :
- de le pousser à vouloir tout maîtriser, ou tout régir autour de lui (du haut de son « petit trône royal » ?). À vouloir tant conquérir à l'extérieur au détriment des belles palpitations de son cœur et les richesses de sa sensibilité cachée.
- de l'entraîner à se considérer un peu trop pour un grand héros sans peurs et sans reproches. Se perdant dans une quête sans fin (le 8 dessine, couché, un bel infini), il risque de s'éloigner de son chemin essentiel au cœur de lui-même.
Proposons-lui un conseil : rester simple et modeste l'enrichira intérieurement et la vie l'honorera beaucoup mieux que toutes les brillantes médailles offertes aux grands conquérants, par exemple !
- de l'amener à se retrouver piégé par l'explosion de colères soudaines ou d'une violence intérieure trop longtemps mise sous cloche ou sous pression

(c'est là que ça cloche !). Il paraît qu'à force de fermenter, ça peut faire sauter le bouchon !
- de le conduire à passer trop souvent d'un extrême à l'autre. Comme pour croire qu'avec un seul coup d'épée (fut-elle « Durandal »), il pourrait se dégager de ce que la vie lui propose de confronter réellement et positivement.
- de le pousser à écarter d'un revers de main toute douceur, toute patience tranquille ou toute acceptation profonde.

Pour plus de nuances rajoutons les pistes liées à son SIP non réduit.
Soit le SIP 26. En commençant par le 6 puis le 2. Sachant qu'un certain petit 1 qualifie ce 2 (ainsi d'ailleurs que le 8 réduit).

Un Saboteur qui en plus l'amènerait à des comportements très différents de ceux du 8. Et le pousserait à devoir confronter « en même temps » les obstacles « guerriers » dessinés par le 8 précédemment avec les difficultés esquissées par un 6 trop doux, trop arrondi et arrangeant, et un 2 trop sensible, trop ouvert et dépendant.

Concernant les côtés 6 de son SIP (accentué dans un premier temps par le nombre Zéro qualifiant) :
- trop s'attacher à l'autre voire trop fusionner avec lui ou avec elle (« nous ne faisons plus qu'un, mais lequel ?).
- trop s'enchaîner à ses plaisirs amenant à mettre sous hypnose sa belle conscience et ramollissant son esprit (Une sorte d'Abel au bois dormant ?).
- Se noyer dans une surdose de sentiments mélangés l'entraînant à ne pas se respecter lui-même et à se couper de ses vrais désirs. Ce qui amène parfois à se noyer au cœur d'un marécage intérieur ainsi cré par son Saboteur. Et peut-être à devoir subir certaines maltraitances, effec-tuées au nom de l'amour…
- conduire à rester tellement gentil qu'il pourrait en oublier la moindre notion de positionnement ou de dignité personnelle, coincé dans son incapacité récurrente d'exprimer ses désaccords.
Et concernant, enfin le 2 (peu typique quant à lui avec son qualifiant 1) :
Trop d'émotions piquantes, trop de slaloms rapides, trop d'autorité mouvante (ou mouvance autoritaire), trop de rôles de mère imposés (trop directifs, trop « rigides ») imposés par ce saboteur aux divers visages.
Un saboteur le poussant à trop de « changements de caps », ou à trop d'entourloupes peu sympathiques.
Avec un SIP 26 on pourrait en déduire qu'il a un sacré travail à faire pour

l'amadouer et le recycler vraiment. Rappelons que ce ne sont ici que des hypothèses et qu'il reste toujours plus de possibles (lumineux) que ce qu'on aurait bêtement cru ou projeté.
Allez ! Souhaitons-lui de beaux challenges, de beaux défis, qui le feront, supposons-le, grandir, progresser et améliorer sa vie, grâce à ces dépassements intérieurs et ces « mises à l'épreuve ».

Remarque : autant le « Saboteur intérieur » ne semble pas un super ami, ou personnage intérieur sympathique, autant à la suite de ce « diable intérieur » (ou avec lui), existe un bienvenu « ange gardien » que j'ai nommé « Le Transformateur allié ». Nous allons le rencontrer et l'étudier dans le chapitre suivant. Ouf !

Là encore, et concernant le « Saboteur intérieur », tu trouveras des pistes en pages 13 à 25 de *La Numérologie du bonheur*.

12

LE TRANSFORMATEUR ALLIÉ

Ce Poste-clé qui fait « la balance » avec le « Saboteur intérieur préféré » est porteur d'une bonne nouvelle : il va pouvoir t'aider à contrer ou à « recycler » ce petit trublion peu bienvenu.
C'est pourquoi je l'ai appelé « Transformateur ». Car il t'invite à transformer les limitations ou handicaps de ce saboteur intime.
D'un côté le « Diable intérieur », de l'autre « l'Ange intérieur ».

Cet Ange gardien reste donc, au quotidien, présent près de toi.
Il se présente comme un bel allié aimant et compréhensif. Qui ne demande qu'à t'aider, te soutenir, en un mot t'encourager face aux difficultés ou aux défis conjoncturels, en particulier ceux générés régulièrement par ton Saboteur intérieur.

Il constitue cette face positive de ton fonctionnement intime versus ta face d'ombres. Tu peux le remercier car il t'offre son soutien inconditionnel dans ta progression vers plus de clarté et de cohérence intérieure (t'évitant la co-errance stérile dans ton espace particulier ?)

Il met à ta disposition diverses qualités, et une belle richesse de cœur… Qui sont finalement les tiennes (que tu as laissé s'ankyloser dans tes oubliettes intimes ?).

Ce Transformateur allié te suggère de bien repérer ces divers atouts qui ont pu s'engourdir au sein de ton monde intérieur pour ensuite te soutenir dans ton entreprise de déblocage central, et de nettoyage de tes illusions parasitantes.

Alors, il te reste à faire le maximum pour accueillir (et nourrir psychiquement) ce précieux ami qui te partage sa belle lumière et te transmets ses bienfaits si précieux.

Parfois, un peu de patience de ta part peut se révéler nécessaire pour lui accorder le temps... De s'accorder à ta conscience de tous ces possibles qui n'attendent plus que toi...

Juste oser, à ton rythme, descendre au fond de toi car, au fond, c'est ce qu'il y a de plus passionnant et de plus réparateur. Et source de très belles surprises ? C'est là que tu pourrais avoir bonne mine de rester prisonnier au « fond de ta mine », oubliant de remonter t'aérer de temps en temps ?

En fait, il t'est demandé ici de dynamiser, ou régénérer, avec ton « Transformateur » cet espace où tu es peut-être resté(e) plombé(e). Et au sein duquel tu as la possibilité de transformer le plomb en or. C'est-à-dire mettre en œuvre ce qu'on appelle parfois divers « rituels de transformation de tes énergies intimes », qui auraient pu (auparavant et sans paravent) se retourner contre toi.

Aussi cet « Ange gardien » t'invite à ne plus garder certaines habitudes inhibitrices, certaines certitudes réductrices, certaines croyances paralysantes. En un mot : tous ces vieux programmes mentaux devenus obsolètes (juste oser les décrocher de tes anciens portes-mentaux ?). C'est-à-dire oser affronter l'inconnu qui t'attend au-delà de tes « balisages habituels ». Au-delà de ce qu'on a voulu te faire croire depuis si longtemps ?

Ce travail intérieur en compagnie de ton bel allié te permettra, supposons-le, de t'éloigner de ces reproches stériles, de ne plus t'investir dans ces surcompensations affectives qui traînent dans ton territoire intime.

Et peut-être te libérer de certains « états de victime », qui te livrent pieds et poings liés (c'est pas le pied !) à des circonstances sclérosantes. Ou qui bornent malheureusement tes possibles, et t'amènent à te cantonner dans un dommageable parcours d'échec.

Pour finalement dire oui à la vie, dire oui aux belles surprises de ton existence, dire oui à tes plus belles « transes jubilatoires », à tes formations les plus gratifiantes.
En un mot, accueillir toutes ces transformations réjouissantes et ces pistes d'épanouissement personnel. Comme autant d'occasion de créer ta vie. Une vie devenant riche de beaux pétillements, et de superbes cadeaux divins...

Comment calculer le « Transformateur allié » ou « LTA » ?

Tu vas avoir besoin des mêmes ingrédients que précédemment avec le « SIP » avec un calcul légèrement différent.

Pose dans une première ligne les habitants de ton Inclusion.
En dessous les nombres réduits issus des lettres de ton Prénom.
Complétés, si besoin est, par des zéros.
Et cette fois-ci au lieu de soustraire (verticalement) il te faut additionner d'une ligne à l'autre.
Puis, faire le total des nombres (non réduits obtenus).

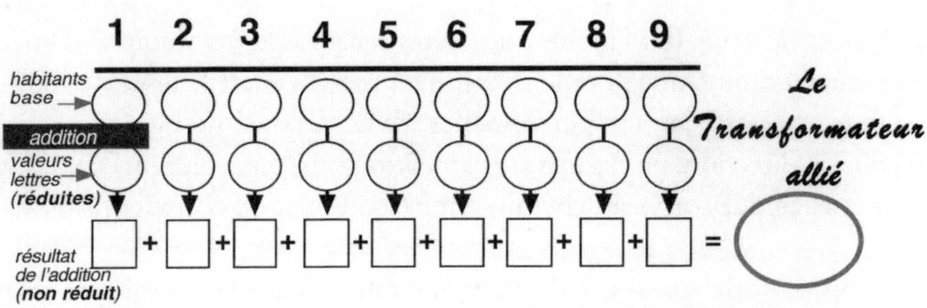

Calcul du « LTA » de Julie

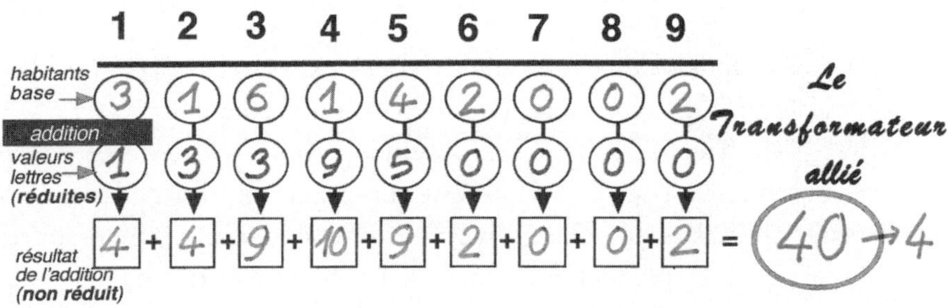

Interprétation du « Transformateur allié » de Julie

Le LTA de Julie est 40 réductible à 4.
Sachant que son 4 est qualifié par un 1.
Son LTA (dynamisé par un 1) l'aidera à :
- sortir des pièges récurrents qu'elle à pu se mettre sur les épaules, ces lourdeurs ayant encombré sa marche.
- quitter les étouffements ayant limité certains beaux élans ou « tentatives de libération personnelle ».

- oser s'aventurer au-delà de ses peurs ordinaires.
- lâcher ses fidélités ou obligations familiales périmées, ce qui lui permettra de s'aventurer au-delà de ses cadres sclérosants
- se construire et se « reconnaître » dans sa vraie identité profonde.
- ne pas rester, ou devenir, esclave de potentiels sur-investissements professionnels, au détriment de sa qualité de vie, et de l'écoute de son monde intérieur.

En résumé : son LTA 4 peut lui donner un sacré coup de main, pour laisser un peu reposer ses mains et garder la main sur son destin. Ou garder pour demain ce qui reste en trop pour aujourd'hui…

Un 4, comme noté, qui l'incite à accélérer les choses, à vouloir s'en sortir toute seule (comme une grande ?), à foncer parfois « tête baissée » dans ses chantiers et constructions personnelles. Avec le souci de bien rester à la tête, ou à la direction, de ces diverses améliorations, ou évolutions concrètes et matérielles, sur son beau chemin d'incarnation et de conscientisation.

Pour finir, notons que son LTA peut la soutenir dans la réalisation de ses plus grands projets. Et l'encourager à mettre en œuvre, avec volonté et ténacité, ce qui lui tient le plus à cœur. En cohérence avec les désirs de son âme et de sa conscience la plus lumineuse (ou « éclairée »).

Tout cela, pouvant déboucher sur une très belle gestion de ses affaires d'argent, ou de ses affaires en général (Les deux mon Général !).

Un encouragement à oser être vraiment elle-même pour accéder à la richesse matérielle à laquelle elle a droit. Une richesse qui va, bien sûr, de pair avec sa richesse spirituelle. De pair… Et de « mère des batailles » et des réussites personnelles ! Avec la maturité et la conscience qui en découlent…

Histoire de bien profiter de cette abondance qui est toujours là, lorsqu'on se trouve au bon moment au bon endroit (à sa juste place), pour profiter des nombreux cadeaux de la vie (accessibles lorsqu'on a fait le ménage des divers sabotages intérieurs. Grâce au LTA ?).

Calcul du « LTA » d'Alain

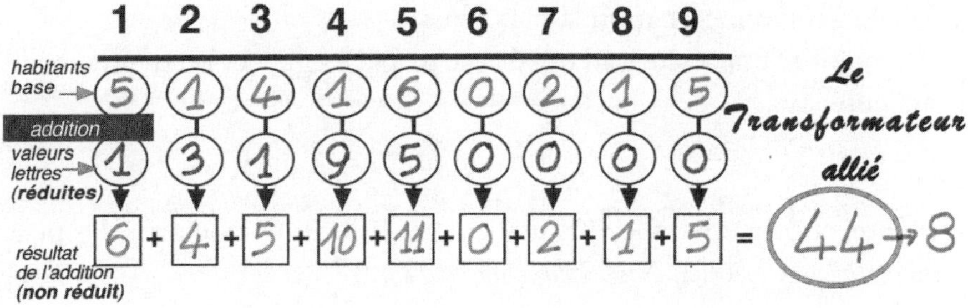

Interprétation du « Transformateur allié » de Alain

Le LTA de Alain est 44 réductible à 8.
Sachant que son 4 est qualifié par un 1. Et son 8 aussi par un 1.

Son LTA 8 (en envisageant l'interprétation de base) l'aidera à :
- sortir des pièges de la recherche du pouvoir sur autrui, à tout prix, avec toutes ses petites ou grandes guirlandes de manipulations et de désir de puissance inconsidérée (jusqu'à se prendre pour un justicier à qui tout serait permis).
- sortir de certains pièges financiers et ceux inhérents au désir ou à la volonté de réussir à tout prix.
- se libérer de ses rêves de toute-puissance. Et ses colères concentrées qui ont pu envahir son monde intérieur.
- lâcher son trop-plein de ressentiments, ou certaines tensions (ou vandettas ?) programmées et prêtes à remontrer leur nez.
- transformer ses possibles sentiments d'injustices passées, et considérer cela comme une belle école de pardon ou de tolérance (et l'occasion de mûrir et grandir).
- sortir d'éventuels scénari sado-masos récurrents (et qui l'auraient même amené à « ne plus réagir »).
- s'éloigner des rôles habituels de bourreau/victime (et leur alternance).
- lâcher le système dominant/dominé et ses habituels mécanismes de maltraitance. Et apprendre à s'adapter à un certain manque de sensations fortes (voire de souffrance).

Concernant le nombre 4. Les propositions seront quasiment les mêmes que pour Julie, qui elle aussi, a un 4 qualifié par un 1.
C'est-à-dire une aide pour apprendre à bien poser ses petits pieds par terre

et développer sa force tranquille. Histoire de mieux tenir debout à la barre de son beau et grand navire, le regard vif et brillant, conscient des 4 points cardinaux de son incarnation la plus réussie.
Sans se prendre une « tête » au carré avec trop d'exigences ou d'intraitabilité pointilleuse…

Là encore, et concernant le « Transformateur allié », tu trouveras des pistes en pages 27 à 45 de *La Numérologie du bonheur*.

13

LE CENTRE D'ÉVEIL SPIRITUEL

Ce Poste-clé t'invite maintenant à considérer joyeusement ce qui pourrait t'aider à dynamiser spirituellement ta progression personnelle et ton « ouverture de conscience ».

Dit autrement, ce Centre d'éveil spirituel (ou « CES »), comme son nom l'indique te conseille, sur ton « chemin d'éveil » et de maturité, à ne pas négliger toutes formes de pratiques spirituelles visant à élargir ton horizon intérieur, et à apporter plus de lumière et de pétillement dans ta vie.
Ou comment alimenter le « flambeau » qui accompagne l'avancement de ton « Guide intérieur » ou « Maître intérieur ».
Histoire de faire ami-ami avec ce Centre essentiel autour duquel tournent toutes ces petites ou grandes planètes intérieures que sont tes espoirs, tes rêves potentiels (tes potes-en- ciel ?).

Un Centre qui peut se révéler un bel axe, ou repère structurant, dans l'incarnation des richesses de ton esprit et de tes « élans spirituels » les plus beaux. Pour donner une âme puissante et dynamique à cette force de vie qui t'anime et qui t'amène à « créer ta vie ».

Comment calculer ton Centre d'éveil spirituel (Ou « CES ») ?

Il suffit (pas besoin d'une calculette !) d'additionner ton Jour de naissance avec ton Mois de naissance et l'initiale de ton Prénom usuel.

Pour en rester à nos deux exemples :

- Le « CES » de Julie née le 26.9.1981, et dont l'Initiale du prénom est J codé en 10 sera :
26 + 9 + 10 = 45 (que l'on peut éventuellement réduire à 9)

- De son côté, Alain, né le 15.7.1972, et dont l'Initiale du prénom est 1, aura pour « CES » :
15 + 7 + 1 = 23 (que l'on peut éventuellement réduire à 5)

Que peut-on proposer ici à Julie avec son « CES » 45 ?

Par exemple, d'apprendre à donner de l'air à son esprit. C'est-à-dire ne pas s'enfermer dans une démarche spirituelle trop étroite (ou étriquée ?) ou des croyances trop rigides ou limitatives (emprisonnantes ?).

Cela tout en gardant bien les pieds sur terre au fil de sa progression spirituelle. En mettant sa ou ses pratiques en accord, ou en cohérence, avec ses aspirations lumineuses, et ses prises de conscience profondes.

Permettre cette belle alliance entre les puissantes possibilités de son esprit, et les nécessités d'une incarnation bien terrestre, source de bonheur et d'épanouissement…

Que peut-on proposer ici à Alain avec son « CES » 23 ?

Par exemple, d'oser développer différentes formes d'expression et de créativité spirituelle. Cela peut aller du chant, de la danse, de la peinture ou du dessin. Sans oublier sa guitare ?

Avec le souci, le plus souvent possible, de s'ouvrir à d'autres personnes ayant parfois un cheminement spirituel différent du sien. En développant tolérance et écoute. Sans oublier des engagements dans l'aide et le conseil à l'autre, en toute sensibilité et réceptivité profonde.
Ou comment se centrer correctement en optant pour un comportement adéquat, qui allie « joyeusetés », sens de la fête et intensions colorées.
Une sorte d'arc en ciel de l'esprit au service de l'aventure intérieure (ou voyage inter-rieur ?).

Finalement, un centrage inhérent à une spiritualité libre, mouvante et aidant à prendre de la hauteur face aux évènements extérieurs (à l'image d'une belle colombe s'élevant dans un ciel bleu ?).

Voir exercice CES en couleurs en fin de livre.

14

LE TREMPLIN DE L'INCONSCIENT

Ce Poste-clé invite à mieux rencontrer certains cheminements ou relais existant entre le Conscient et l'Inconscient. Il te propose de déceler, puis suivre, les modes d'actions intérieurs, ou certains « actes manqués », qui pourraient dessiner, ou laisser imaginer les « strates », les plus proches de ton inconscient.
Juste pour un petit tour au premier ou deuxième sous-sol ?

Ce Tremplin de l'Inconscient (ou « LTI ») évoque une manière résumée de te familiariser avec ce qui induit nombre de tes options ou choix personnels. Si Freud était encore là, peut-être serait-il intrigué ou intéressé par ces modestes tentatives de questionnements ou de recherches psychologiques !

Bien sûr, comme pour les autres « Postes-clé » celui-ci reste une fenêtre ouverte sur ton monde intérieur. Et t'offre de belles hypothèses concernant ce qui sous-tend tes élans intimes et tes « émergences » cognitives. Sachant que cela échappe souvent à ta volonté propre et à ta raison (par trop cartésienne ?).
Il est, là aussi, à mettre en relation avec les diverses invitations et propositions du reste du ton thème en général. Et bien sûr, en relation avec la personne concernée par le thème, et en demande directe de celui-ci.

Comment calculer le Tremplin de l'inconscient ?

Il suffit de faire la somme du « Chemin de vie », Axe Yin-horizontal, avec le total des lettres codées du Prénom usuel.

Exemple de Julie

Son Chemin de vie Yin est 36 (Calcul horizontal)
Son Prénom est égal à 21 (Total des lettres réduites, soit : 1+3+3+9+5)
Ainsi, son LTI est : 36 + 21 = 57 (Possible réduction à 12 puis à 3)

On peut maintenant lui proposer d'utiliser les pistes offertes par le nombre 7, complétées par celles du nombre 5, pour aller à la rencontre de ce Tremplin et surtout de s'en servir.

Le nombre 7, par exemple, l'invite à oser des moments de méditation, voire des « plages » d'introspection et de réflexion profondes.
Cela pour faciliter l'émergence d'éléments ou de contenus proches de la « frontière de son inconscient »…
Elle peut ici être encouragée à expérimenter une belle psychothérapie ou à tester certaines pistes d'analyse (et peut-être un « zeste » de numérologie ?).

Par ailleurs, le nombre 7 offre aussi des suggestions pour faire divers « liens de sens » au niveau de quelques reproductions familiales restées cachées dans les placards ou certaines croyances devenues inadaptées (périmées) à sa vie actuelle.

C'est là que les suggestions du 5 peuvent venir compléter avec bonheur celles du 7, en l'invitant à oser diverses expériences qui pourraient mettre en évidence le décalage existant souvent entre la réalité des besoins personnels, et les intentions parfois contradictoires de l'inconscient.

Le nombre 5 propose ici de modifier certaines évaluations ou conclusions hâtives, voire certaines explications trop classiques ou conventionnelles, concernant ce qui peut se vivre « sous les radars ». Une tête bien pleine n'est pas toujours gage de « tête bien faite » ou de conscience des choses…

L'invitation pourrait être, dans ce cas-là, de se méfier des a-priori ou des « fausses sécurités mentales » qui ont souvent tendance à brouiller les pistes ou limiter toute lucidité naissante à propos des aspects « cachés » d'elle-même. Comme quand des lunettes de soleil protectrices empêchent de voir la route (ne voyant pas alors les « tenants et les aboutissants », on peut aboutir contre un arbre !).

Il lui est suggéré ici de laisser la porte ouverte aux « aventures surprises » sur le chemin, ou au « jaillissement » (volcanique ?) venu du fond d'elle-même. Tel parfois une lave qui lave plus blanc que blanc… Sans faire semblant ?

Osons lui proposer d'accueillir les changements ou petites révolutions intérieures qui remettent en cause ces certitudes fragiles (et périmées) auxquelles on s'accroche trop souvent. Ou ces fausses sécurités mentales qui cherchent trop à baliser ou protéger le territoire personnel. Un territoire où sont embusqués, sous la surface visible, quelques ennemis, ou saboteurs intérieurs, malvenus (ou certains « démons de minuit » ?).

En un mot ce tremplin de l'inconscient offre des hypothèses de travail sur soi. Pistes à ne pas négliger dans la rencontre avec le meilleur en soi. Tous ces essais d'exploration intime ou de « forage profond ».
En quête de l'or (noir ?) intérieur…

Exemple pour Alain

Son Chemin de vie Yin est 32 (Calcul horizontal)
Son Prénom est égal à 19 (Total des lettres réduites, soit : 1+3+1+9+5)
Ainsi, son LTI est : 32 + 19 = 51 (Possible réduction à 6)

Les propositions ici ressemblent à celles faites à Julie.
Le nombre 1, ici aux unités, prend la place du 7 chez elle. Deux nombres Yang-masculins qui ont certains points communs : importance du mental, de l'intellect qui cherche, teste, analyse. Une forme de tension intérieure, ces deux nombres ont des aspects « rétractés ».

Pour Alain l'accent est mis sur les aspects dynamiques soutenus par une activité directe et plutôt rapide. La suggestion ici est de ne pas s'endormir ni sur ses lauriers, ni sur son oreiller ! Comme si cette « envie de foncer dans le tas » dominait les élans naturels issus de l'Inconscient. Ajoutons à cela un côté très indépendant et affirmé.
C'est, en tout cas, ce qu'évoque et suggère ce « Tremplin intérieur ».

On peut, par exemple, inviter Alain à oser toutes les belles opportunités cognitives (tous les « Bon sang mais c'est bien sûr ! » amenant à créer des « liens de sens » lumineux) pour s'aventurer vers de nouveaux territoires de l'esprit, pour « prendre au vol » ce qui lui passe à proximité, et par la tête !

Histoire de rebondir (ou de surfer ?) sur les signes que lui offre la vie… Relayés par les messages de son inconscient et des profondeurs de son corps (le nombre 6 issu de la réduction reste dans les parages !).

Il lui est donc ici suggéré de s'engager sans trop hésiter, et même parfois faire confiance à certains « coups de tête » ouvrant sur de nouveaux possibles. Comme une manière d'accéder au grand « labyrinthe » de son Inconscient.

Ainsi ce Tremplin peut lui permettre de sauter dans l'inconnu, sans perdre son temps à se retourner, là ou restent stockées les « scories du passé »… Là où restent bien cachées les prétendues « expériences négatives » rejetées sur le bord de la route (ou mises à l'index quand le doigt ne veut plus les pointer), et qu'il reste peut-être à « réévaluer autrement ».

Une ultime invitation à « se tenir à la barre » au cœur des tempêtes qui pourraient venir du fond de son Inconscient (et ses « vagues à l'âme » ou à larmes ?). Ou lorsque « tout se barre » à l'occasion de tous ces petits ou grands tremblements intérieurs.
À noter : « se tenir » ne veut pas dire « rester collé », ou par trop crispé sur de fausses certitudes ou vrais-fausses vérités inconscientes.

En un mot : faire des ponts mobiles et adaptables pour pouvoir aller jeter un sacré coup d'œil à ce monde intérieur inconscient, par définition « paradoxal et chaotique »… Ou, dit autrement ; rester debout en cultivant suffisamment de souplesse et d'agilité mentale, au milieu des divers messages contradictoires issus de l'Inconscient.
Il paraît que c'est « lorsqu'on fait le ménage » que la poussière ressort. C'est lorsqu'on brasse ce qui auparavant ne bougeait pas, que la vase, ou « pulpe du fond », se manifeste.

Finalement, se dessine un beau « Tremplin » au service d'Alain pour lui permettre « d'allumer son ou ses phares », afin de traverser les « fards » qui auraient gentiment tendance à « cacher la misère ».
Avec ces fausses protections qui peuplent ou jalonnent le monde inconscient et qui limitent en lui la fameuse « libre circulation de l'énergie » ! À méditer donc… sans médire !

Voir l'exercice « LTI » en couleurs en fin de livre.

15

LA STRATÉGIE PERSONNELLE

Ce Poste-clé invite à mieux préciser ce qui pourrait t'être utile et bénéfique pour affronter les « batailles de ta vie ». Et te permettre d'aborder positivement, et avec efficacité tes réalisations possibles et tes défis dans ton cheminement personnel.

Dans toute démarche de construction, d'avancement ou de production, il paraît nécessaire d'adopter une certaine stratégie, ne serait-ce que pour s'adapter aux circonstances ou contingences du moment. Une stratégie adéquate est sollicitée, qu'elle soit technique, psychologique, voire politique.

Il est question ici de « Stratégie personnelle » (avec Marque déposée ?) au service de ton épanouissement et de ton évolution personnelle. Et non pas, bien sûr, une stratégie de manipulation, ou de « stratégie d'ingénierie sociale » (celle qu'utilisent certains de nos dirigeants et ce petit groupe de puissants qui cherchent à contrôler ou asservir l'humanité).

Ce n'est pas, non plus, une stratégie commerciale (force de vente ?) qui viserait à influencer et manipuler le client pour l'amener (ou obliger ?) à acheter certains biens ou produits, dont, en plus il n'a pas besoin !

Donc ici, pas d'escroquerie, pas de pouvoir sur l'autre, pas de « mise en dépendance », d'exploitation de l'autre ou les autres. Mais plutôt une belle manière, ou un joyeux processus, pour confronter les aléas de la vie. Et envisager les meilleures créations ou constructions personnelles.

Cette Stratégie personnelle rime plutôt avec aide à la réalisation de soi et tous les défis qui s'y rattachent. Un « art de fonctionnement » qui peut te permettre d'amplifier la rencontre et l'expression de tes propres désirs, le beau dépassement de tes peurs, ainsi que la libération de certaines culpabilités inhibitrices.

C'est-à-dire une stratégie « anti-culpabilisation », anti-manipulation, anti-agression… Tant qu'à faire !

Aussi, ce Poste-clé te fait de belles propositions pour t'aider à mieux confronter certaines batailles de ta vie et prendre à chaque fois conscience des éléments ou facteurs en jeu. Et de trouver la meilleure façon de mettre en lumière les tenants et les aboutissants de tes actions, engagements ou interventions personnelles.
En un mot : t'orienter vers l'aptitude au « savoir faire », et surtout de « savoir être ». Oser une stratégie de respect de soi avec une plus grande lucidité dans tes rapports avec les autres.

Sans oublier de repérer, ou démasquer, celles et ceux qui chercheraient à avoir un pouvoir sur toi ou à te diriger à leur profit… souvent à ton insu.

L'invitation ici est surtout de mettre en œuvre une « stratégie pour gagner ». Gagner non contre l'autre ou les autres, mais oser du « Gagnant-gagnant »… C'est-à-dire gagner en lucidité et en maturité. Gagner en sagesse et en humanisme. Gagner au plus près d'une efficacité concrète…

À chacun, chacune, sa propre stratégie. En fonction de lui-même ou d'elle-même, de son terrain particulier, de son environnement social habituel, de son âge… et, bien sûr, de ses choix profonds.

Comment calculer ta Stratégie personnelle (ou LSP) ?

Tu obtiendras ce Poste-clé en faisant le TOTAL de tous les habitants de ta Carte d'Invitation (Inclusion de base).

Dans le cas de Julie :
3 + 1 + 6 + 1 + 4 + 2 + 0 + 0 + 2 = 19 (réduit à 10 puis à 1).

Notons que sa « LSP » tourne sacrément autour d'un beau « pilier » ou axe central constitué par les suggestions du nombre 1.

Il lui est ainsi proposé, essentiellement, d'oser un vrai positionnement personnel. C'est-à-dire d'apprendre à s'affirmer de façon efficace (nettement « claire et nette » !).

En clair, d'allumer son « phare sommital », ou sa lampe frontale, pour éclairer son chemin. Faire confiance au feu qui l'habite, et en sa capacité à devenir une « femme debout ».
Serait-ce une stratégie un-contournable ?

En tout cas une stratégie qui peut emprunter divers acquis de son propre père, ou hérités de sa lignée. Un engagement entier ou sans réserve (ni « concessions ») semble ici sollicité.

Le « J » de Julie pourrait évoquer la devise : « Je pense donc je suis », à transformer en « Je pense donc JE me suis » (et je ne suivrai pas le troupeau !).

Une stratégie qui s'appuie sur une Un-tension forte, sur une envie de (se)réussir de façon autonome et pourquoi pas brillante et lumineuse ?
Une stratégie qui peut amener à rencontrer les autres, à confronter le groupe, pour les aider, les accompagner, et leur proposer un bel idéal, au centre d'un joyeux programme humaniste.

« Qui m'aime me suive ! » semble dire son leitmotiv. « Je m'aime moi m'aime » pourrait en être le préalable...
Un grand programme de remise à neuf (9) ?
Une stratégie de renouvellement des idées et croyances du moment.
Une belle in-vitation à apprendre le respect de l'autre, des autres et de soi-même.
C'est-à-dire : « Aider l'autre comme soi-même »…

En résumé, il lui est conseillé d'adopter une superbe stratégie universelle, nichée au sein d'une approche globale et « holistique », ouverte et tolérante.
Une stratégie « transpersonnelle ?

Pour Alain, nous aurons :
5 + 1 + 4 + 1 + 6 + 0 + 2 +1 + 5 = 25 (réductible à 7)

Notons cet « assemblage » de deux nombres évoquant l'un et l'autre un fonctionnement semblable, l'un de façon Yang-masculine, le 5, l'autre de façon Yin-féminine, le 2.
Souplesse mentale pour le 5, souplesse émotionnelle pour le 2.
Belle capacité d'adaptation (et d'opportunité) intellectuelle pour le 5, Belle

capacité d'adaptation (et opportunité) affective pour le 2.
Des défis concernant souvent trop de choix à faire (au soleil, on voit trop de possibles ?) pour le 5.
Défis concernant des choix limités, car non visibles (ou « cachés dans le brouillard lunaire » ?) pour le 2. Etc.

Ainsi, pour le numérologue, sa « LSP » semble, dans un premier temps, peu aisée à saisir, à cerner ou tout simplement à définir.
C'est peut-être ce qui fait sa force ou son intérêt (pour lui) !

Serait-ce là un bel échantillon de la stratégie du caméléon, ou du serpent malin qui se faufile dans les grandes herbes ?
Un caméléon qui met en œuvre des leurres ? Même si on ne peut pas avoir « le leurre et l'argent du leurre » !

En fait, il est proposé ici une stratégie de mouvement et d'adaptation rapide, aussi physique qu'émotionnelle, aussi mentale qu'affective.

Attention : ne pas se fier aux apparences face à une telle stratégie, et garder l'œil « affûté » ou « tous les sens en éveil ». C'est aussi avec bon sens qu'on prendra alors les choses dans le bon sens, ou bonne direction, et qu'on évitera de se retrouver dans des sens interdits. Comme dirait mon ami Devos : « Cela n'aurait pas de sens ! ».

Une telle stratégie suggère d'oser pratiquer une certaine « gymnastique » concernant autant la tête que le centre émotionnel.
Ou comment passer entre les mailles du filet (filer à l'anglaise ?). Comment apprendre à échapper à toute « mise en boite », mise en normes, mises en étiquetages multiples et variés.
Comment trouver un peu d'air, et faire ami-ami avec la liberté (cette « perle rare » si chère à Reggiani et à Moustaki)…

Se dessine ici une sorte de « stratégie de libération ». Une stratégie d'explorations multiples. Une stratégie de nouvelles recherches et belles découvertes. Une stratégie invitant à une étonnante « révolution intérieure » (une « révolution réelle… pas un rêve-d'évolution !).

Histoire, finalement, d'apprendre à bien « retomber sur ses petites pattes ».
Histoire de débusquer facilement de bons et malins arguments discursifs

et intellectuels. Cela pour échapper à toute emprise, pour se défendre face aux divers modèles de manipulation. Histoire de pouvoir jouer avec les pirouettes émotionnelles pour éviter de se mouiller (jouer les cascadeurs hors des cascades affectives ?).

Aussi, il est suggéré à Alain un bel entraînement de « cascadeur psychologique ». Pour lui permettre de développer cette stratégie de prise de risques nécessitant un savoir adéquat, une certaine expérience et maturité… Pour lui éviter de se prendre les pieds dans le tapis ? Ou pour ne pas se faire éjecter par une certaine « force centrifuge », propre aux plus grands manèges (de foire… d'empoigne ?).
Des pistes pour ne pas se retrouver hors de son siège… ou « hors de lui » !

Il semble être question ici d'une stratégie de « connaissances habiles », apte à surprendre l'adversaire ou confronter l'adversité.
Un clin d'œil au Judo, où on apprend à se servir de l'énergie de l'autre pour le déstabiliser ou le faire tomber. Tout un art, quoi !

Juste éviter de trop bouger (tout le temps), car on peut vite perdre de vue la cible recherchée… et se voir piégé dans « l'indice-cible » …
Face à trop de mouvement physique, ou à trop de brassage mental, ne pas « rester accro » ni « Alain », ni à l'autre !

Voir l'exercice « LSP » en couleurs en fin de livre.

16

L'AIDE DYNAMIQUE D'URGENCE

Il existe pour les infirmiers ou les médecins une trousse médicale d'urgence. En numérologie humaniste, nous avons aussi ce genre d'outil d'accompagnement à utiliser au cas où... Même si elle n'est pas destinée à remédier à des petits ou grands « bobos » physiques.

Ce « Pack sauvetage » s'appelle ici l'« ADU », soit l'Aide dynamique d'urgence. Comme son nom l'indique cet outil, ou « Poste-clé » est à disposition pour t'aider à réveiller, ou remettre en marche, en toi tes meilleures ressources intimes. Et à te soutenir, en urgence lors de situations délicates ou difficiles que tu pourrais rencontrer au fil de ton parcours d'avancement personnel.

Il t'offre des pistes pour accéder à certains dons cachés dans tes profondeurs, ou pour valoriser des potentialités insoupçonnées et donc si souvent mises de côté.

Cette « ADU » te suggère de mettre en œuvre (rapidement) ces élans, ces mobilisations intérieures, qui ne demandent qu'à faire leurs preuves. En fait, ces possibilités sont déjà en magasin, il reste à s'en servir vraiment.

Ainsi, ce Poste-clé te met gentiment sur leur piste... Leur efficacité sera fonction de l'énergie que tu leur accordes, de l'intensité et de la passion que tu choisiras (ou non) de mobiliser.

Cette aide fera d'autant plus de merveilles que tu ne la limiteras pas, ou ne la saboteras avec diverses fausses croyances ou certains schémas d'incapacité ou de victimite.

La meilleure protection est surtout en toi.
Le meilleur intervenant ou soignant réside surtout en toi.

Le meilleur médecin ou psychothérapeute sommeille en toi.
C'est lui (ou elle) le ou la mieux placé(e) pour s'occuper de toi…

Les plus flagrantes guérisons émanent de toi. Le plus grand sauveur est en toi. Tout cela restant dépendant de ta relation à toi-même !

Tant que tu fonctionnes « à l'importation » (aides étrangères), tes capacités locales (internes) restent limitées.
Plus tu dépends de l'autre (expert ou non) moins tu dépends de toi et des richesses à mettre en œuvre chez toi.
Comme le suggère le dicton : « On n'est jamais mieux servi que par soi-même » (sauf si le « petit enfant » qui peut continuer sa vie en nous, reste toujours attaché à sa mère ?). Il est parfois difficile, voire sembler impossible de grandir !

Ainsi, plus tu écouteras ton corps avec présence et respect, plus tu resteras sensible aux élans de ton cœur (sans parler des inspirations de ton esprit), moins tu auras recours à l'extérieur, à des « béquilles » ou assistances extérieures. Même si certains échanges ou dialogues entre l'intérieur et l'extérieur peuvent se révéler bien sympathiques, et amener de joyeuses rencontres…

Être soi-même, devenir soi-même son propre sauveur ou « urgentiste » demande, il est vrai, un sacré travail sur soi, une belle mise en confiance avec soi et un vrai amour de soi.

Sans oublier une bonne et progressive connaissance de soi. En effet, Il y a tant de choix possibles (pas tous bien sûr !) sur le chemin d'une belle et grande relation à soi-m'aime !
C'est un peu, modestement, ce à quoi t'invitent les nombres avec leurs messages, leurs questionnements, leurs interpellations…

Comment calculer l'Aide dynamique d'urgence ?

Nous avons ici besoin de considérer tous les Ponts initiatiques.

Rappel du calcul de ces Ponts :
Tu effectues la différence (l'écart) entre le Domaine et l'habitant.
Cela pour chaque case. Même si certaines n'ont pas de Pont (cas de l'habi-

tant zéro ou d'un doublet, soit habitant et case identique).

Maintenant pour calculer l'Aide dynamique d'urgence ou « ADU », il te reste à faire le TOTAL des Ponts.

Exemple de Julie

Le total de ses ponts s'effectue ainsi :

2 + 1+ 3 + 3 +1 + 4 + 7 = 21 qui peut se réduire à 3

Dans les propositions concernant cette « ADU » 21 notons d'abord la présence dominante du 1, qualifié comme d'habitude chez elle par le 3, puis du 2 qualifié par du 1, et enfin du 3 qualifié par un 6. Ces divers nombres tissent ainsi la toile de l'aide dont elle peut disposer.

Un beau tiercé dans l'ordre : du 1, du 2 puis du 3 ! Et avec une option complémentaire : un beau 6 !

En résumé : les propositions ou les aides du nombre 1 restent en « première ligne ». Et notre gentil 3 essaie de ne pas se faire oublier (avec sa casaque colorée ?).

Qu'imaginer de mieux comme aide « dynamique », comme « caravane d'assistance » lumineuse et bariolée ? En effet : le nombre 1 reste toujours prêt à s'élancer sur la ligne… Et en ligne ?
Le nombre 2, quant à lui, offre à Julie cette écoute, cette adaptabilité bien utile dans les situations difficiles qu'elle pourrait rencontrer.

Cette « ADU » semble facile à solliciter ou à repérer avec sa belle capacité à se faire entendre (avec ses klaxons italiens ?).
Elle sera d'autant plus opérationnelle qu'on (Julie) l'aura dotée de tous ses éléments ou particularités adaptés à sa sympathique mission de sauvetage. C'est-à-dire, d'abord une belle réserve d'énergie et un système d'allumage rapide (le 1), ensuite un paquetage de douceur et de souplesse, ainsi que divers « baumes au cœur et au corps » (le 2 puis le 6). Le tout agrémenté de couleurs vives pour être bien vu (bien repérée ?) où qu'on soit en cas « d'accident » !

Cette « ADU » serait-elle une chance offerte à Julie afin qu'elle se fasse vraiment confiance. Et ose se lancer dans de belles rencontres, avec une louable dimension affective. Cela sans trébucher ou sans avoir quoi que ce soit à regretter. Et avec l'assurance d'être, au final, bien accompagnée. Grâce ces « bonnes cartes » à disposition dans son jeu ?

Apprendre à bien utiliser et doser (c'est toujours le moment d'oser !) cette belle aide peut faire partie du jeu.

Il lui est donc rappelé ici de vérifier régulièrement le bon état de marche de ce super processus de protection et d'intervention rapide.
Ainsi, ces diverses consignes étant suffisamment respectées, on peut supposer que cette « Aide dynamique » pourra frôler l'excellence…

On pourrait rajouter au passage que lorsque l'aide s'avère forte, c'est qu'il y a des ressources intérieures similaires puissantes. Le dispositif, en quelque sorte accompagne son « terrain de base ». Il y a ici « correspondance », voire « effet miroir » Tout un art à respecter !

Ce Poste-clé Julie invite à se lancer dans des engagements liés à de beaux et grands défis. Cela, avec l'assurance d'être aidée, soutenue, voire sérieusement tirée d'affaire par cette aide d'urgence ou ce système de sauvetage bienvenu et au confort notable.

Bien sûr, un minimum de conscience des choses s'avère nécessaire, ainsi que le développement d'une lucidité intérieure bénéfique !
Rester une « bonne maman » pour elle-même peut lui être conseillé ici. Sans oublier le développer une belle confiance en soi, à portée de mains, à portée de cœur…

Julie, au sujet de cette aide possible, est invitée à mieux réunir en elle une certaine forme d'autorité avec une fine écoute intérieure agrémentée d'une tendre inspiration créatrice.

À noter : Moins on attire les problèmes, moins on a (ou aura) besoin d'aide. Cela semble une lapalissade, mais vaut la peine d'être rappelé ici ! Il semble que cela fasse partie de la « Loi des attirances » (ou « phénomène d'attraction magnétique »).

Aussi, la meilleure protection reste le « nettoyage préalable » de toutes ces croyances, de ses faux besoins de reconnaissance qui pourraient habiter ses profondeurs peu visitées…

Comme nous l'avions remarqué, le plus grand des sauveurs peut rester l'otage impuissant du « saboteur intérieur » qui peut l'accompagner ! Et que nous avons souvent tendance à nourrir !

Attention à ce « passager clandestin » qui peut détourner ou parasiter toute belle aide bénéfique et bienvenue. Allez ! supposons que ce n'est pas le cas de Julie. Son « ADU » 21 veille… Elle peut la remercier, et se remercier elle-même d'héberger une si belle « équipe d'intervention » !

Exemple pour Alain

Tu fais maintenant le calcul concernant l'ADU d'Alain, en faisant le total des ponts situés sous son inclusion de base (ou Carte d'invitations).

Soit :

4 + 1 + 1 + 3 + 1 + 5 + 7 + 4 = 26 (qui peut se réduire à 8)

Son « ADU » contient une majorité de nombres Yin, accompagnée par la dynamique renouvelée du nombre 1 (et d'un zéro).
Ici ; priorité au 6, puis au 2 et ensuite au 8.

Cette aide aux particularités féminines offre à Alain ses qualités de douceur, ses potentialités de souplesse et de chaleur humaine.
Cela avec une intensité notable et avec de beaux « remèdes » puissants. Un peu comme une boisson régénératrice et énergisante.

Comme d'habitude (et déjà noté pour Julie), plus il prendra soin de lui, plus il pourra être vraiment aidé. Toujours cette histoire de miroir ! (Aide-toi et le ciel t'aidera… à cette mesure ?).
Plus Alain osera s'aimer réellement, plus il pourra savourer cet élixir de jouvence à disposition !

Ainsi de belles transformations sont (et restent) ici possibles.
On pourrait même dire que reste en surveillance derrière lui un « commando de choc » (ou d'infirmières dynamiques ?) toujours prêt à lui

prêter main-forte ou à lui porter secours à tout moment.
Et en particulier dans des situations ou la dimension affective ou émotionnelle pourrait avoir tendance à dominer…

Alain possède donc ici une aide bienvenue (et opérationnelle 6 jours sur 6 ?) pour le soutenir dans la gestion de ses éventuelles passions (parfois dévorantes) auprès desquelles il pourrait se brûler le cœur ou se faire embarquer sans gilet de sauvetage… Ici les bouées semblent luxueuses et les aides confortables, voire puissantes (et bien entre-tenues dans leurs enseignements à lâcher-prise ?).

En effet ; l'intensité du 2 (accompagné d'un beau 1) et la finesse du 6 (à peau-finer ?) sont ici accompagnées par la force et l'endurance du 8. Un 8 qui offre la possibilité d'affronter de nombreux obstacles et réussir vraiment un bon rétablissement et toutes circonstances…

Il lui est demandé ici de participer à une belle et féconde alliance entre les possibilités et qualités de ces trois nombres (le 6, le 2 et le 8). Peut-être aurons-nous alors affaire au « meilleur spécialiste » d'aide d'urgence ?

Là aussi, cette aide est le « miroir » (ou interface) de ce qui est présent à l'intérieur de lui-même et dont il reste plus ou moins conscient…

L'engagement envers toute cause (ou aidc) extérieure reste semble-t-il en écho avec l'engagement envers soi-même. Ainsi, faisant les choix les plus judicieux, on peut imaginer qu'Alain découvrira par lui-même un peu plus sa vraie nature sensible, féconde et « arrondie ».
Son « ADU » se présentera alors comme une aide disponible à la connaissance de lui-même… Lui offrant de modestes pistes pour se rapprocher de « qui il est vraiment » ?

Il reste juste, pour Alain, à ne pas oublier de garder fonctionnel ce beau petit groupe d'aidants à son service.
Il lui est conseillé, en cas de situation délicate ou problématique de très vite évaluer ce qui est juste ou non. Au regard, bien sûr, de sa conscience profonde, de ses valeurs propres et de ses élans du cœur.

Et, bien sûr, d'apprendre correctement, au préalable, à conduire et manier avec intuition et sensibilité cette belle équipe à son service.

Ces « accompagnants intérieurs » qui gardent la capacité de transformer les choses, de remédier à ses dysfonctionnements notables. C'est-à-dire lui offrir une « aide à guérir » exceptionnelle.

Une aide à mériter ? Me demanderez-vous… Oui, c'est toujours un beau « cadeau » pour celui, ou elle, qui se l'accorde et qui croit en ses possibles. Croire au Père Noël peut parfois amener à recevoir ses cadeaux ! C'est en tout cas ce que nous pouvons suggérer à Alain.

Nous pouvons aussi lui dire que lorsqu'on ne sait pas que « la chose est impossible », alors il arrive qu'on la fasse !
En l'occurrence ici Alain n'imaginant pas, au préalable, que cette aide pourrait être difficile, peu crédible, peu logique, peu concevable (et j'en passe !), il osera l'accueillir et l'accompagner avec succès !

En résumé : Il vaut mieux tenter d'oser ou oser tenter, plutôt que se fabriquer mentalement divers obstacles ou difficultés supposées, qui se révèlent relatives. Ce qui finalement n'aide pas beaucoup !

Sachant, là aussi, qu'il y a urgence à oser apprendre à vivre « l'Instant présent » Et la vie fera le présent de toutes les aides nécessaires possibles et imaginables ?

Voir l'Exercice « ADU » en couleurs en fin de livre.

17

LE GRAND DEFI DE VIE

Ce Poste-clé évoque le challenge le plus important qu'il t'est proposé concernant ta progression personnelle tout au long de ta vie.
Cela, histoire de réveiller et d'aider au développement de ta vraie nature de gagnant(e). Et t'accompagner dans le dépassement de tes peurs et inhibitions. Ou comment réparer diverses culpabilités et de te libérer de tes freins ou sabotages intérieurs.

Les suggestions ici sont là pour te solliciter au niveau de tes plus belles ressources, et te permettre d'activer ton avancement personnel activant ton épanouissement.

En résumé : accompagner le superbe « Défi d'être soi »… C'est-à-dire d'aider à te fier au mieux à toutes ces potentialités et ces dons présents en toi-même. Sans fuir dans divers évitements. Sans « botter en touche » à chaque difficulté sur le chemin…
Finalement, te lancer le défi d'être un bon compagnon ou une bonne compagne pour toi-même. Juste oser vraiment t'aimer ?

Comment calculer le « Grand Défi de vie » (ou « GDV ») ?

À partir de ton Appellation complète de naissance (Ton ou tes prénoms et ton Nom de famille. Soit, état civil le plus ancien connu), tu es invité(e) à faire le total de toutes les lettres (codées).
Total auquel tu soustrais le nombre, non réduit, de ton « Chemin de vie Yin ».
Tu obtiendras alors le nombre de ton Grand Défi de Vie.

Exemple de Julie

J U L I E   E L O D I E   L E A   B O L A C

1+3+3+9+5   5+3+6+4+9+5   3+5+1   2+6+3+1+3 = 77

À ce premier total tu peux soustraire son CV Yin soit :

77 – 36 = 41

Quelques pistes d'interprétation de son GDV 41

Il lui est proposé, avec le 1 aux unités, d'oser confronter le défi de devenir une « femme debout ».
Ainsi que le défi, avec le 4, de consolider sa construction intérieure comme ses constructions extérieures. Cela avec détermination, persévérance et, avec le 5, dynamisme et certaines prises de risques.
Un beau « « programme en perspective !

Ici, priorité pour elle au nombre 1 !
Ou comment renforcer son Ego, si utile et nécessaire lorsqu'il reste à sa juste place, ou juste « utilité ». Cela pour bien rester debout (droite dans ses bottes ?), bien posée sur de solides fondations personnelles. Bien sûr, sans rester figée ou coincée, dans une posture par trop rigide. Ou dans un fonctionnement inamovible, voire emprisonnant.

À noter : dans « ego » il y a « égaux »… Comment permettre à des élans et des désirs authentiques de rester égaux face à l'adversité, de rester libres d'exprimer leur propre richesse au sein de la recherche d'un positionnement personnel clair et précis ? Avec un peu de « fraternité intérieure » ? (Liberté, égalité, fraternité ?).
Quel superbe défi que celui-là ! Ou quel beau dé-filé de bonnes intentions, et de probables tensions…

Il lui est proposé de confronter aussi le défi de réunir rigueur, alignement et structuration personnelle (avec le 1 et le 4, nombres rétractés) avec des velléités d'évasion, de « bougeotte », de désir d'aventure (avec le nombre 5). En quelque sorte le défi du « en même temps ». Même si le 1 inviterait a priori à l'unité… Dans la diversité ?

En fait, on peut caractériser ce défi comme une suggestion de s'orienter ostensiblement vers une position de chef ou de leader (incontesté). En tout cas, un statut à tester ! La piste à suivre étant d'apprendre à bien rester campée sur ses deux jambes (« rester droit dans ses bottes ? »), avec le fort désir d'oser expérimenter parallèlement hors des sentiers battus, à l'opposé des codes trop balisés. Quitte à courir pieds nus ?

Ou comment allier avec succès du traditionnel et de l'avant-garde… Tout en gardant le cap ou cohérance intérieure (et non co-errance !).

Comment mettre en œuvre dans le respect des normes, tout en choisissant le « hors-cadre » (loin des conventions) ?

Comment faire cohabiter le souci d'une belle efficacité ou d'une réelle prudence bien pesée, avec le désir d'aventure d'un Christophe Colomb ou les « élans de folie » d'un funambule de l'extrême ?

Par ailleurs, il lui est proposé de trouver sa place de façon habile et stratégique dans sa vie professionnelle ainsi que familiale, en osant faire face à de nombreuses pressions ou désirs sur elle…

C'est-à-dire confronter un environnement humain qui pourrait être à l'opposé ou en contradiction avec ses choix personnels (les « volontés du père » en particulier). Cela afin de se démarquer clairement pour « coller au mieux » à ses désirs profonds.

Un grand défi de rester solide et affirmée à chaque étape de sa vie, sans se laisser déstabiliser par une quelconque « météo défavorable » familiale ou sociale.
« J'y suis, j'y reste ! »… Mais il reste souvent à faire encore autrement !

Finalement, il est conseillé ici à Julie d'oser parfois enfiler ses « bottes de 7 lieues », en lieu et place de ses chaussures usées ou périmées.

À elle de ne pas se laisser dépasser par le « défilé de ses défis » mentaux en tous genres. Ce qui resterait stérile et la maintiendrait dans un carcan peu propice à une belle respiration personnelle…

En résumé :
Suivre ses défis pour aller à la rencontre de son « JE SUIS ».

Suivre ses rêves, en essayant de bien les rattraper.
Suivre les conseils de son « Maître intérieur » tout au long d'une in-carnation digne de ce nom.
C'est-à-dire, parfois oser dire « Non » au père (et au « nom du père !)...

Rassurons-la, elle semble avoir à sa disposition de belles potentialités et des atouts bienvenus pour surmonter ces défis-cultés, pardon, ces difficultés sur le chemin !

Exemple pour Alain

A L A I N P A U L A N D R E C H A R P E N T I E R
1+3+1+9+5 7+1+3+3 1+5+4+9+5
3+8+1+9+7+5+5+2+9+5+9=120

À ce premier total tu peux soustraire son CV Yin soit :
120 – 32 = 88 (que tu peux réduire à 16 puis à 7)

Quelques pistes d'interprétation de son GDV 88

On est parti ici avec ce double 8 pour le circuit des 24 heures du Mans (Joyeuse-ment ?), ou le grand défi d'un Paris-Dakar !
Les paris sont ouverts !

Ce double 8 (et ses 16 soupapes ?) invite Alain à ne pas regarder à la dépense (d'énergie). Puissance, dépassement de soi, expérience de choix, s'affichent au compteur du grand rallye de sa vie.
Tout cela accompagné d'une certaine ascèse (a-16), cette (7) fois-ci.

Il lui est ainsi demandé de ne pas hésiter à réveiller en lui ce beau « héros intérieur » (parfois rieur), ou son « Tigre dans le moteur », en s'engageant dans cette aventure de façon intense et passionnée.

Ou comment bâtir du grand, du solide et surtout de l'exceptionnel au volant d'un « bolide personnel » à maîtriser... Et à surveiller dans les virages ?

Quel sacré défi que de réunir puissance d'argent, courage et témérité avec le sens de l'essentiel et une conscience sage et mature !
Comment oser diverses alliances ou partenariats dans des chantiers impor-

tants, des grandes constructions ou des batailles mémorables.
En résumé :
Comment canaliser cette puissante énergie physique et mentale à disposition tout en gardant la juste trajectoire et le bon tempo.
Comment « garder en ligne de mire » de belles et judicieuses options mentales dans ce parcours tous terrains.

« Je pneus le faire » dira-t-il ? Même s'il s'avère nécessaire et stratégique de changer régulièrement les gros pneus !
Et pneu-tête, pardon peut-être oser le défi de raconter ensuite ses propres exploits et performances dans un ou plusieurs livres (le 7)…

À noter ici : sa Case ou Domaine 8 est habité par un 1 qui l'invite à gérer ce grand domaine en restant son propre chef ou en s'imposant comme un leader éclairé (ou éclaireur). Ce qui peut aussi dire, en ne demandant pas leur avis aux autres concernant sa propre vie, ses propres options profondes ! Un vrai self-made-man en quelque sorte !
De belles potentialités à mettre ici « en batteries »…

Saluons donc ce héros (et son fort pote-en-ciel) qui semble ne vouloir reculer devant rien. Même devant les 12 travaux d'Her-cule (H comme 8 !).

En tout cas, c'est le grand défi qui lui est soumis (de ne pas se soumettre).
Et, bien sûr, pas imposé !
À lui la liberté de trouver ou d'opter pour la « bonne politique ».
Et de gravir 4 à 4 les escaliers ou les échelons de sa belle réussite sociale ou personnelle.

Et s'il était sage de lui laisser l'initiative et la responsabilité de ses choix de parcours, ou des beaux itinéraires, au cœur (de Lion ?) de sa surprenante progression ou possible ascension ?
La su-huit lui appartient…

Voir l'exercice « GDV » en couleurs en fin de livre.

18

TYPE DE RÉACTIVITÉ PERSONNELLE

Ce Poste-clé te questionne maintenant sur ton mode majoritaire de fonctionnement personnel en situation nouvelle pour toi.
Il te suggère une ou plusieurs façons les plus courantes de réagir face aux évènements ou sollicitations de ta vie.

Dit autrement, il te fait des propositions concernant ta manière de te positionner à propos des diverses surprises que tu peux rencontrer sur ton chemin d'évolution.
Il peut évoquer ainsi certaines attitudes en rapport avec les commentaires, voire les jugements des autres à propos de ta personne.

Il te suggère donc des comportements à adopter pour confronter certaines pressions ou manipulations professionnelles, affectives ou familiales. Et ainsi une façon générale de t'adapter aux « évènements extérieurs » et aux « actualités » les plus marquantes (voire les plus déstabilisantes).

Il est éventuellement ici question de « Mode de survie personnel », à utiliser sans modération !

Ainsi il t'est suggéré d'opter pour une « réactivité positive » et de l'entretenir régulièrement pour en faire une « vigilance active » en bon état de marche, d'action… et de réaction.
Peut-être comme un avion à réaction toujours prêt à décoller en toutes circonstances ? « Avions nous rêvé ? » disait mon grand-père…

Ou comment « renvoyer la balle » quand les choses s'emballent.
Comment absorber les chocs en cas d'accident (Airbag psychologique ?).

Finalement une réactivité nourrie d'une belle résilience.
Une réactivité enrichie des leçons tirées de l'expérience personnelle.

Comment calculer le Type de réactivité personnelle ou « TRP » ?

Il te suffit d'additionner les 9 habitants de l'Inclusion (ce qui rappelle la « LSP » ou « Stratégie personnelle »), puis d'additionner à ce résultat le total des 4 premiers et celui des 4 derniers habitants de ton Inclusion de base, ou Carte d'Invitations.

Soit pour l'exemple de Julie :

Total des habitants de son Inclusion de base :
3+1+6+1+4+2+0+0+2= 19

Puis total des 4 premiers habitants :
3+1+6+1= 11

Et enfin, total des 4 derniers habitants :
2+0+0+2= 4

Le total de l'ensemble nous donne :
19+11+4= 34

Son Type de réactivité personnelle est donc évoqué par le nombre 34 qui peut être réduit à 7.

En fait, elle a à sa disposition les pistes suggérées par le nombre 4, puis par le nombre 3, et dans une moindre mesure le nombre 7.

Ainsi cela peut concerner une réactivité personnelle lente et prudente. Avec un net besoin, au préalable « d'étudier la question » (ou de remuer, avant toutes choses, sa langue 7 fois dans sa bouche ?),
Et de considérer sérieusement les tenants et aboutissants d'un comportement réactif à bien cadrer, à bien « contrôler ».
Une façon pour elle de « faire le point » (pas le poing !), avant de faire ou régler ses comptes.

En résumé :
Dans un premier temps : se taire (le 4)
Dans un deuxième temps : communiquer, demander de l'aide aux amis (le 3)

Et enfin : s'aligner sur une belle prise de conscience, s'en référer à une éthique ou à un enseignement psychologique ou spirituel pour adopter l'attitude « adéquate ».

C'est-à-dire ici plutôt choisir une réponse traditionnelle et s'appuyer sur des arguments ou des outils concrets. Et un peu moins des cours de morale ou une tendance limitative à « donner des leçons »…

En fait, mettre en avant des éléments matériels (indiscutables ?) qui, somme toute, peuvent convaincre (un peu d'argent en jeu, ça peut aussi servir !). Évoquer ces « valeurs classiques » (principes non éculés) qui ont fait leurs preuves.

Donc, une ou des réactions mesurées, calibrées, cadrées, nécessitant un certain recul, et parfois l'art de cultiver le « mode Secret ».

Est-ce que cela peut l'amener à « ruminer » quelque peu (il paraît que la « vengeance est un plat qui se mange froid).
Choisir un mode plus en retrait. Choisir la protection plutôt que l'agression rapide et directe.
Pour entendre dire au final : « Attends mon gars, tu vas voir ! »…

Concernant Alain :

Total des habitants de son Inclusion de base :
5+1+4+1+6+0+2+1+5= 25

Puis total des 4 premiers habitants :
5+1+4+1= 11

Et enfin, total des 4 derniers habitants :
0+2+1+5= 8

Le total de l'ensemble nous donne :
25+11+8= 44

Son Type de réactivité personnelle est donc évoqué par le nombre 44 qui peut être réduit à 8.

Avec ce beau 44, attention au débarquement (surprise ?)…
Est évoqué ou suggéré ici, un mode réactif peu expressif et « en protection » dans un premier temps. Du style « on va voir », « on va étudier concrètement la situation ». Du style aussi : « On se terre, on se retranche et on prépare minutieusement la suite, ou la réplique ». « On fourbit ses armes, ou ses arguments » diraient certains !

Puis, tout à coup ou tout d'un coup ; c'est le coup de force, ou coup d'éclat (« coup d'état symbolique » ?). Comme un volcan qui se réveille sans prévenir (sauf les rares initiés qui ont vu venir ?).
Comme dirait l'autre : « Ici on ne lave pas gratis ! »

Il est surtout suggéré à Alain de savoir mettre en batterie tout le matériel nécessaire à une éventuelle riposte sans oublier de mobiliser au mieux (préventivement) toutes les énergies intérieures disponibles, toutes les belles ressources aptes à soutenir son pouvoir personnel ou sa « contre-offensive » face à d'éventuelles « agressions » ou déstabilisations matérielles et psychologiques.

Une réactivité qui ne concerne pas une ou des actions défensives, mais la possibilité et la capacité à réagir très vite positivement, afin de ne pas rater le train qui passe. Et offre de beaux projets, ou de belles occasions, enrichissantes sur tous les plans.
Serait-ce un « TPE » pour ne pas rater le TGV ?

Une réactivité bien cadrée qui peut avoir la faculté de se concentrer et accoucher d'une controverse, ou contre-offensive, puissante et efficace (gagnante).

Un système de commentaires (ou plutôt « sans commentaire » !) un peu secs qui peuvent se transformer en action de « justice éclair », ou riposte sans concessions.

Ici il lui est demandé d'avoir la carte, ou de suivre la carte pour ne pas s'écarter du but (même au début), ou se perdre en chemin.
Allez ! Souhaitons de belles réussites à Alain avec son gros 4X4 (ou « char d'assaut défensif ?).

S'il a bien fait « ami-ami » avec le nombre 4, qualifié par un 1 dans son In-

clusion de base, il pourra peut-être écrire de beaux quatrains !
Et tenter une superbe « recherche de Terre promise ». Peut-être encore plus réussie que l'immigration, ou les migrations, de ses grands-parents ou ancêtres ?

Monter 4 à 4 les échelons d'une réponse graduée (et impromptue ?) peut faire partie ici du processus personnel. Une démarche au départ assez lente… le temps de réapprovisionner les stocks de munitions ?

En tout cas, ici pas de virtuel, pas de « bla-bla » ou de la poudre aux yeux, mais plutôt de la poudre à ca-non (psychologique » et une belle capacité à dire « non » !
Un beau système anti-manipulation ou anti-harcèlement très performant (et perforant ?).
Avis aux amateurs ! Et aux trop « curieux mateurs »…
Un essai de défense du con-somme-mateur ?

Voir l'exercice « TRP» en couleurs en fin de livre.

Les Propositions-clés

C.E.S Centre d'éveil spirituel

Total Jour naissance + Place + Initiale Prénom

Ce qui pourrait te dynamiser spirituellement
Et favoriser ton ouverture spirituelle autant à la base de ta progression qu'au bout d'un certain chemin de découverte de tes richesses profondes

L.T.I Le Tremplin de l'inconscient

Ton Chemin de vie Yin + Prénom (total non réduit)

Ce qui pourrait émerger de tes profondeurs (de ton inconscient) à l'occasion de divers évènements ou interpellations de ta vie.
Et te permettre d'accéder à certaines de tes potentialités cachées, ou ressources inconscientes encore non-manifestées.

L.S.P La Stratégie personnelle

Total de tous les habitants de ton Inclusion de base

Ce qui pourrait être à ton service pour confronter les belles batailles de ta vie et d'aider à réaliser tes plus grands défis (être plus efficace).
A utiliser pour te soutenir dans tes constructions ou conquêtes personnelles.

A.D.U Aide dynamique d'urgence

Total (non réduits) de tes Ponts initiatiques

Pour t'inviter à utiliser diverses types d'aide qui pourraient réveiller tes meilleures ressources intimes et te soutenir pour te sortir de situations délicates ou difficiles au fil de ton parcours d'avancement personnel.

Les Propositions-clés (suite)

G.D.V Le Grand Défi de Vie

Total toutes tes lettres - ton Chemin de vie Yin (non réduits)

Ce qui pourrait constituer ton plus grand défi dans cette vie.
Challenge le plus important que tu peux te souhaiter sur ton chemin.
Pour réveiller ta vraie nature gagnante. Et te dépasser...
Invitation ici à mieux cerner le ou les beaux paris que tu as pu te faire à toi-même et concernant ta réussite sur divers plans.

T.R.P Type de réactivité personnelle

Total de tous les habitants de l'Inclusion
+ Total 4 premiers + Total 4 derniers (non réduits)

Pourrait évoquer ton type majoritaire de « fonctionnement réactif » (ou ta façon habituelle de te comporter en « mode réflexe »).
Cela face aux sollicitations psychologiques ou physiques (agréables ou désagréable) plus ou moins importantes, qui pourraient jalonner ta vie au quotidien

Table des matières

Suggestions de base des Nombres
0
Potentialités puissantes
Richesses occultées
Soleil intérieur
«Rien puis trop»
1
Action
Autonomie
Autorité
Initiative
Indépendance
Décision
2
Réceptivité
Sensibilité
Ouverture
Accueil
Ecoute
Conseil
3
Expression
Communication
Créativité
Spontanéité
Originalité
Sociabilité
4
Cadres et Structures
Organisation
Abondance
Stabilité
Sécurité mat.
5
Mouvement
Changement
Prise de risque
Energie
Liberté
Recherche
6
Amour
Ecologie intérieure
Bien-être
Conciliation
Sensualité
Douceur
7
Réflexion
Méditation
Prise de conscience
Etudes
Discipline int.
Sécurité mentale
8
Puissance
Maîtrise
Stratégie perso
Production
Transformation
Préservation
9
Intuition
Humanisme
Symboles
Action sociale
Universalité
Œuvres collectives

La Symbolique des premiers nombres

0

Evoque ton « Soleil intérieur », ta plus grande dynamique.
T'invite à équilibrer et mieux gérer les potentialités puissantes
En toi-même, que tu n'oses pas encore utiliser pleinement.
(à cause de peurs, interdits, richesses occultées)
Plutôt vécu au début de façon « peu puis trop » (tout ou rien ?).
Sa présence énergétique forte amplifie les messages du nombre
Qui l'accompagne. Peu évoquer un atout, une profession.
Nombre sans polarité apparente. Symbole du Divin en soi.

1

Te propose d'amplifier ton autonomie et ta capacité à être
« auteur de ta vie » et directeur de ta progression personnelle.
Te suggère d'oser inventer, de lancer des projets.
Sans oublier de développer ta capacité à te positionner,
et prendre des décisions justes et claires. Etre pleinement toi !
Nombre à forte polarité yang/masculine. Symbole du Père.

2

Te propose d'amplifier ta réceptivité au monde extérieur
et (surtout) au monde intérieur. Histoire d'accueillir pleinement
intuitions et impressions fécondes. Sans faire l'éponge !
Te suggère d'oser utiliser ta sensibilité et développer des qualités
d'écoute et d'empathie. Ainsi que de belles facultés à relier
entre eux les êtres et/ou les « opposés » (complémentaires !).
Nombre à polarité féminine. Symbole de la Mère.

3

Te propose d'amplifier ta créativité et améliorer ta communication
avec les autres, avec ton corps et avec ton cœur.
Te suggère d'oser laisser vivre ta spontanéité, ton originalité.
Et d'oser exprimer ces richesses, en valorisant ta propre image
aux yeux des autres et surtout à tes yeux ! En développant
l'art des relations humaines et reconnaissance... de soi !
Nombre à faible polarité masculine. Symbole de l'Enfant intérieur

4

Te propose d'amplifier ta capacité à concrétiser tes projets et à
confronter les exigences du monde matériel. Une belle incarnation !
Te suggère aussi de prendre conscience des liens entre diverses
places que tu as à occuper. Dans ta famille. Au sein de ton corps.
Dans ta profession. Dans ton cadre de vie au quotidien.
Une invitation à travailler sur tes peurs (manquer),les injonctions ou
habitudes familiales concernant argent, nourriture, gestion du temps.
Nombre à faible polarité féminine. Symbolise ton ancrage terrestre

La Symbolique des premiers nombres (suite)

5

Te propose d'amplifier ta mobilité mentale et aussi physique.
Ainsi que ta capacité d'adaptation aux personnes et situations.
Te suggère d'oser laisser librement circuler ton énergie et expérimenter une sexualité riche en surprises. Oser changer...
Oser prendre certains risques. Oser te renouveler sans a-priori.
Et expérimenter avec curiosité et passion l'aventure de la vie.

Nombre à polarité masculine. Symbole de l'homme (partenaire)

6

Te propose d'amplifier ta capacité à t'offrir à toi-même du bien-être, du plaisir, du lâcher-prise. Oser prendre soin de ton corps et l'aimer. Vivre une belle écologie intérieure et extérieure. Développer une manière d'aimer sans marchandages affectifs, sans possessivité (loin des attachements infantiles). Peaufiner ta douce sensualité, et devenir un bon compagnon ou compagne pour toi.

Nombre à polarité très féminine. Symbole de la femme (partenaire)

7

Te propose d'amplifier ton recentrage intérieur, ta capacité à aller à l'essentiel, ton aptitude à méditer et prendre conscience du fonctionnement de la psyché. Te suggère d'oser utiliser tes capacités à étudier et à classer tes connaissances. Apprendre à discerner entre « être sécurisé » dans ta tête, et t'aliéner suite à des manipulations spirituelles ou des conditionnements mentaux. Oser te connecter à ton « savoir intérieur » ou « maître intérieur ».

Nombre à polarité très masculine. Symbole des « ancêtres »

8

Te propose d'amplifier ton pouvoir de te réaliser et d'améliorer ta stratégie personnelle face aux défis et chantiers de ta vie.
Te suggère d'oser utiliser ta puissance de transformation intérieure.
Oser t'engager dans d'ambitieuses missions matérielles, spirituelles.
Développer ton « héros » intérieur. Apprendre à t'engager dans ce qui te parait juste (mobilisations, « croisades »), quitte à te battre avec ferveur pour défendre « tes convictions ».

Nombre à polarité féminine/masculine. Transmutation de l'énergie

9

Te propose de développer tes dons d'intuition (ou médiumnité), et d'élargir ton champ de conscience des choses et de l'humain.
Te suggère de t'engager dans les groupes ou dans une action sociale.
D'avoir une vision plus planétaire ou globale de la vie.
Oser vivre tes idéaux. Oser fraternité et tolérance. Oser une saine relation d'aide qui encourage l'éveil intérieur, l'écoute des messages inconscients et plus de coparticipation à la vie. Oser la remise à neuf !

Nombre à faible polarité masculine/féminine. Symbolise l'universel

Symbolique 3 premiers nombres doubles

11/2

Te propose d'apprendre à naviguer sur tes marées intérieures et leurs cycles lunaires. Et mieux gérer ta grande sensibilité, sans oublier d'entretenir ta grande « antenne réceptive », canal de ta forte intuition et source de belles inspirations. Aussi, n'oublie pas d'effectuer le décrassage émotionnel et la libération des émotions qui t'est si nécessaire ! Mets en place des filtres pour t'éviter de faire l'éponge ! Réconcilie tes deux « figures paternelles tutrices » (Y a-t-il eu un père manquant ?).

22/4

Te propose d'apprendre à piloter de grands projets éducatifs ou structurants au service des autres (et de toi-même !). Te suggère de mieux gérer tes grands élans protecteurs et ajuster tes idéaux à la réalité. Aider en sachant dire Non ! N'oublie pas l'importance des contingences matérielles et des détails pratiques...codes, réglementations, argent, entretien. Réveille le « bâtisseur ou inventeur » qui sommeille en toi. Ose réconcilier tes deux figures maternelles (et harmoniser ta relation avec une mère « peu maternante » ?)

33/6

Te propose de développer ta belle puissance créatrice et ta joyeuse « âme d'enfant ». Favoriser l'Amour inconditionnel dans ta vie, et ignorer les séductions artificielles ! Lâcher la « toute puissance infantile » qui illusionne. Attention au virtuel et aux « jeux d'acteurs » si courants ! Traverse le miroir des apparences et trouve ton originalité personnelle, en particulier physique. Ose amplifier ta communication corporelle. Laisse grandir ta « souveraineté intérieure » spirituelle et accompagne ton « guérisseur intérieur » soignant tes traumatismes passés. Ose vraiment exprimer tes sentiments. Attention aux pièges des mots et des promesses non tenues. Aime-toi en confiance.

Les Domaines de l'Inclusion de base

INCLUSION de Base — Les "Habitants"

Note tes **prénoms** et ton **nom** sur la 1er ligne (en majuscules)
Note les **nombres** correspondant aux lettres sur la 2 ème ligne (un nombre réduit par lettre)

....

....

***Fais <u>l'inventaire</u>* de ces nombres *et <u>note le résultat</u>* dans ce tableau:**

En haut: tu as **les 9 domaines** de la vie:

1	2	3	4	5	6	7	8	9
Dans quoi ?....								
Comment?....								

En bas: tu as **les habitants et leurs propositions** pour gérer au mieux chaque domaine

Comment ?

Oser...

S'autoriser...?

...***Habitant 1*** = de manière autonome, positionnée, voire directive, avec dynamisme, par impulsions, en innovant.

Habitant 2 = de manière sensible, ouverte aux partenariats, avec souplesse , réceptivité et écoute.

Habitant 3 = de manière créative, communicative et animée, en soignant son image de marque, et en ayant besoin d'être reconnu et apprécié.

Habitant 4 = de manière structurée, concrète et solide, avec sérieux, régularité et tenacité. Dans le respect des normes et de la tradition.

Habitant 5 = de manière mobile, changeante et énergique, avec rapidité, prises de risque et renouvellements.

Habitant 6 = de manière paisible, harmonieuse et sensuelle, avec douceur, tendresse et amour.

Habitant 7 = de manière réfléchie, en structurant idées et enseignements. En méditant, en s'isolant. Avec des études, des livres...et des prises de conscience ?

Habitant 8 = de manière puissante et en toute stratégie, avec engagement constructif et force de réalisation.

Habitant 9 = de manière collective, voire universelle, avec humanisme , notion d'idéal, et sens des symboles.

Exercice **Les Ponts**

Remplis les cases de ton Inclusion de base.

Effectue, dans chaque case la différence (l'écart) entre le numéro de la case et son habitant. Tu obtiendras <u>le Pont initiatique</u> correspondant.

<u>A noter:</u> Pas de pont initiatique dans deux cas:
- Habitant identique à la case. Cas d'un "doublet".
- Case avec un habitant zéro.

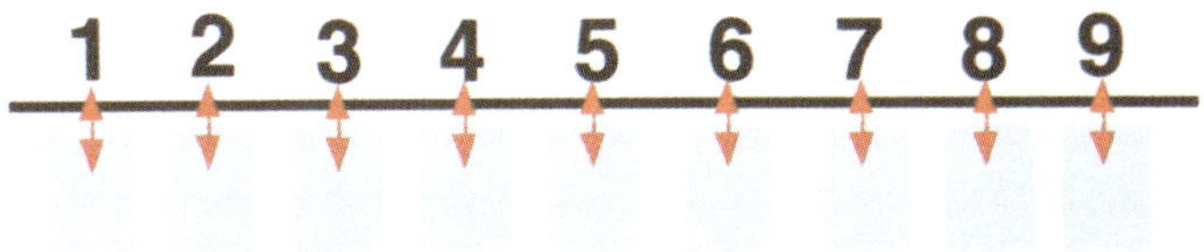

Note pour chaque case le Pont initiatique (s'il y en a un) et résume en quelques mots sa proposition.

Case 1 *Pont initiatique* =
interprétation résumée:

Case 2 *Pont initiatique* =
interprétation résumée:

Case 3 *Pont initiatique* =
interprétation résumée:

Case 4 *Pont initiatique* =
interprétation résumée:

Case 5 *Pont initiatique* =
interprétation résumée:

Case 6 *Pont initiatique* =
interprétation résumée:

Case 7 *Pont initiatique* =
interprétation résumée:

Case 8 *Pont initiatique* =
interprétation résumée:

Case 9 *Pont initiatique* =
interprétation résumée:

Exercice N.C.E.

Recopie ici ton Inclusion de base.
Note en rouge les 4 premiers habitants (en noir les autres)
Leur total évoque le Noyau central de ton être.

1	2	3	4	5	6	7	8	9

Mon nombre NCE =

Quel éclairage m'apporte ce nombre au sujet de mon "Noyau central" ?
Confirmation ? nouveauté ? complément ?
par rapport à ce dont j'ai déja conscience ?

Ai-je tendance à aller dans le sens de ce "courant profond" ?

Quel est le (ou les) besoin qu'il m'est demandé d'écouter, de respecter, de satisfaire à ce niveau ?

Exercice Chemin de vie

Données de base: Ton jour , ton mois et ton année de naissance

réduit ton jour :
réduit ton mois :
réduit ton année :
Totalise

ta Zone centrale
pour t'aider dans
ton cheminement

réduit

note ton jour :
note ton mois :
note ton année :
(*non réduits*)

Fais le total
vertical:

ton Chemin de vie "yang"
Progression consciente"

réduit

☐+☐+☐+☐+☐+☐+☐+☐
note ici "horizontalement" les nombres constituant ton jour, mois et année

Fais leur total horizontal:

réduit

ton Chemin de vie "yin"
Progression inconsciente

ton Axe Yang
ton Axe Yin
la Zone centrale
(*non réduits*)

ta Proposition de centrage
pour mieux confronter la
problématique de ton itinéraire

réduit

Que t'invite à tenter ton Chemin de vie "yang" ?

Que t'invite à tenter ton Chemin de vie "yin ?

Quelles sont les aides offertes par ta Zone centrale ?

Que te suggère ta Proposition de centrage ?

Exercice L.S.D.

***LSD Leader**= Total des habitants de Cases 1, 3 et 5*
***LSD Accord**= Total des habitants de Cases 2, 4 et 6*
***LSD Ressource**= Total des habitants de Cases 7,8 et 9*

1	+	3	+	5	=	LSD Leader	( )
2	+	4	+	6	=	LSD Accord	( )
7	+	8	+	9	=	LSD Ressource	( )

A noter: La qualification dans l'INC de chaque LSD t'indique comment mieux la vivre...

***LSD Leader.** As-tu repéré cette partie en toi qui cherche à "donner le ton", ce personnage intérieur qui t'aide à mieux te positionner et à prendre tes décisions ? A la lumière de ce nombre, ce "Père intérieur" se précise-t-il à ta conscience ?*

***LSD Accord.** Quelles sont tes relations avec cette partie de toi qui ne t'offre que des bons conseils et t'aide à te mettre en accord avec ton environnement ? Accueilles-tu son action fécondante et chaleureuse ? Comment perçois-tu cette "Mère intérieure" sensible et douce, qui ne demande qu'à t'épauler ?*

***LSD Ressource.** As-tu déjà perçu cette partie de toi qui relie les dynamiques des deux autres parties ci-dessus ? Ce personnage intérieur unificateur et inspirateur de ta créativité...Quels sont tes rapports avec cet "Enfant intérieur" ?*

Centre d'éveil spirituel

Considère ton « Tableau de bord »…
Et additionne les trois éléments qui le composent,
Tu obtiendras le nombre de ton Centre d'éveil spirituel qui t'invite à considérer ce qui pourrait te dynamiser spirituellement, et favoriser ton ouverture spirituelle… Si toutefois tu t'en occupes !

Ton Jour + **Ta Place** + **Ton Initiale** = *Ton Centre d'éveil spirituel*

Mon nombre CES =

- Que t'évoque ton nombre « CES » ?

- Qu'est-ce qui a déjà pu, par le passé, booster ta progression intérieure et tes prises de consciences ?

Le Tremplin de l'inconscient

Considère ton Chemin de vie et ton premier Prénom :
Effectue l'addition de ton Chemin de vie yin (à deux chiffres) avec ton « Nombre de Psychologie », c'est-à-dire le total des lettres de ton Premier Prénom (total non réduit).
Tu obtiendras ton nombre « Tremplin de ton inconscient ».

Ton CV yin + **Total Prénom** =

Ton Tremplin de l'inconscient

Mon nombre LTI =

- Que t'évoque ton nombre « LTI » ?

- Comment ce « tremplin » se manifeste, ou s'est-il déjà manifesté, dans ton parcours personnel, dans ta vie ?

La Stratégie Personnelle

Considère ton Inclusion de base…
Additionne les 9 habitants
et tu obtiendras le nombre ta « Stratégie personnelle »
à ton service pour confronter « batailles de ta vie ».
Et pour rendre plus efficaces les réalisations de tes défis.

1 2 3 4 5 6 7 8 9

+ + + + + + + + =

Mon nombre LSP =

Ta Stratégie personnelle

- Que t'évoque ton nombre « LSP » ?

- ***Aurais-tu déjà repéré ta façon personnelle de te sortir des situations les plus difficiles ? Sinon, voici une (ou des) piste pour affronter de nouveaux « tests de la vie » sur ton chemin.***

Aide dynamique d'urgence

Considère tes Ponts initiatiques (Différence habitant/case). Fais leur total (non réduit). Tu obtiendras ton ADU ou Nombre d'Aide dynamique d'urgence. Il t'invite à utiliser le Type d'aide (extérieure) qui pourrait réveiller tes meilleures ressources intimes et te soutenir pour sortir de situations délicates ou difficiles au fil de ton parcours d'avancement personnel.

1 2 3 4 5 6 7 8 9

Ponts + + + + + + + + =

Mon nombre ADU =

Ton Aide dynamique d'urgence

- Ce nombre ADU te fait-il penser à des situations passées, ou à un certain type d'aide qui t'aurait permis de franchir divers obstacles ou difficultés de ta vie ?

- Il te reste à faire « ami-ami » avec ce ou ces « Types d'aide » afin de les utiliser avec succès si besoin est…

Le Grand Défi de Vie

Considère ton Appellation de naissance. Additionne toutes les lettres (codées et réduites). Soustrait du total (non réduit) ton CV Yin (non réduit). Tu obtiendras ton GDV ou Grand Défi de Vie. Il t'invite à considérer le challenge le plus important que tu souhaiterais confronter au fil de ta belle progression. Histoire de te dépasser et réveiller ta vraie nature gagnante

Ton Appellation complète :

Son codage

Le Total - CV yin =

Mon nombre GDV =

Ton Grand Défi de Vie

- Ce nombre GDV te fait-il sens ?

- T'amène t il à mieux cerner ce ou ces paris que tu t'es fait à toi-même, et concernant « ta réussite » sur divers plans ?

- En as-tu déjà réalisé une partie ?

Type de réactivité personnelle

Additionne ton HPP avec ton NCE, tes LDM et ton APP (non réduits)
Tu obtiendras ton TRP ou Type de réactivité personnelle.
Il t'invite à considérer ton type majoritaire de fonctionnement ou façon habituelle de « réagir » face aux évènements ou sollicitations de la vie (qu'ils soient agréables ou désagréables).

HPP + NCE + LDM + APP = TRP

Mon nombre TRP =

Ton Type de réactivité personnelle

- Ce nombre TRP te rappelle t il quelque chose ?

- As-tu déjà repéré, en diverses occasions, ta manière de réagir aux interpellations de la vie (et aux injonctions, critiques ou compliments de celles et ceux qui t'entourent) ?